AF645668

Philippe Besson wurde 1967 in Barbezieux, einem Dorf in der Charente, geboren. 1989 ging er nach Paris, wo er zunächst als Jurist und Dozent für Sozialrecht arbeitete. Seit 2001 erschienen von ihm zahlreiche Romane, in denen es auf sehr einfühlsame Weise um ungewöhnliche Liebesgeschichten geht. *Hör auf zu lügen* basiert auf seiner eigenen Biografie, wurde ein riesiger Bestseller, 2021 mit dem Euregio-Schülerpreis ausgezeichnet und mit Guillaume de Tonquédec und Victor Bellmondo verfilmt.

Zum Übersetzer: Hans Pleschinski lebt als Schriftsteller, Übersetzer und Herausgeber in München. Von ihm erschienen u. a. die hoch gelobten Romane *Königsallee, Wiesenstein* und *Am Götterbaum* sowie Übersetzungen der Briefe der Madame de Pompadour und der Memoiren des Herzogs von Croy.

Hör auf zu lügen in der Presse:

»Ein Geniestreich ist Philippe Besson gelungen. Am Ende ist es nicht mehr dasselbe Buch, das man zu Beginn aufgeschlagen hatte. Stattdessen ist es zu etwas Kostbarem geworden: dem Licht eines verloschenen Sterns.« – *Siegessäule*

»*Hör auf zu lügen* ist ein todtrauriges, aber unsentimentales Buch über die Zwänge der Moral – und deren Überwindung. Über die Unmöglichkeit der Liebe, aber auch über die seltsamen Windungen des Lebens.« – *Deutschlandfunk Kultur »Lesart«*

»Ein großartiger, subtil gezeichneter Roman, zart und grausam zugleich, eine von schmerzhafter Melancholie durchzogene Selbstentblößung. Bessons bislang intimster, ehrlichster Roman – und sein bester.« – *Nürnberger Zeitung*

Philippe Besson

HÖR AUF ZU LÜGEN

Roman

Aus dem Französischen
von Hans Pleschinski

PENGUIN VERLAG

Die Originalausgabe erschien 2017
unter dem Titel *Arrête avec tes mensonges*
bei Éditions Juilliard, Paris.

MIX
Papier | Fördert gute Waldnutzung
FSC® C014496

Klimaneutral*
Druckprodukt
ClimatePartner.com/14044-1912-1001

Penguin Random House Verlagsgruppe FSC® N001967

1. Auflage 2023
Copyright © der Originalausgabe 2017 by Éditions Juillard, Paris
Copyright © der deutschsprachigen Ausgabe 2018 by C. Bertelsmann
in der Penguin Random House Verlagsgruppe GmbH,
Neumarkter Straße 28, 81673 München
Umschlagkonzeption und -gestaltung: www.buerosued.de, München
Umschlagmotiv: © Giovan Battista D'Achille / Trevillion Images / GBD75332
Satz: Uhl + Massopust GmbH, Aalen
Druck und Bindung: GGP Media GmbH, Pößneck
Printed in Germany
ISBN 978-3-328-11018-7

www.penguin-verlag.de

In Erinnerung an Thomas Andrieu
(1966–2016)

Verlangen ließ sich nicht entfachen. Seit dem ersten Blick war es da oder hatte nie existiert. Es war das sofortige Begreifen der körperlichen Begierde oder war eben keines.

Marguerite Duras, *Der Liebhaber*

Er sagte: Ich war entschlossen, nie mehr Männer zu lieben, aber du hast mir gefallen.

Hervé Guibert, *Verrückt nach Vincent*

Mit bitterer Unwiderruflichkeit hatte ich erkannt, dass die Zeit aller Möglichkeiten, in denen sich treiben ließ, worauf man Lust hatte, vorbei war. Zukunft gab es nicht mehr. Alles war Vergangenheit und würde es bleiben.

Bret Easton Ellis, *Lunar Park*

Eines Tages, ich kann genau sagen, wann, das Datum kenne ich präzise, an jenem Tag also befand ich mich in einer Hotellobby, in einer Provinzstadt, eine Lobby mitsamt Bar, ich sitze in einem Sessel, ich unterhalte mich mit einer Journalistin, zwischen uns ein niedriger runder Tisch, die Journalistin befragt mich zu meinem gerade erschienenen Roman *Ein Abschied,* sie stellt Fragen zu Trennung, übers Briefeschreiben, ob Ferne wieder Verbundenheit schafft oder nicht, ich antworte, Antworten auf solche Fragen habe ich parat, ich antworte geradezu achtlos, die Wörter kommen wie von selbst, so mechanisch, dass mein Blick zugleich über die Leute in der Lobby streift, ihr Kommen und Gehen, das Einchecken und Auschecken, mir fallen Lebensläufe für die Abreisenden und Ankommenden ein, ich versuche mir vorzustellen, von wo sie eintreffen, wohin sie aufbrechen, das habe ich immer gerne gemacht, Unbekannten, mit denen sich kurz der Weg kreuzt, Leben anzudichten, fast ist es eine Besessenheit, mich für flüchtige Gestalten zu interessieren, und die scheint in der Kindheit angefangen zu haben, ja, ganz jung schon, jetzt erinnere ich mich, meine Mutter hat das beunruhigt, sie sagte: Hör auf mit deinen Lügen, sie sagte »Lügen« anstatt »Geschichten«, es blieb so, all die Jahre ging es weiter, und während ich auf die Fragen antworte, vom Schmerz verlassener Frauen spreche, lasse ich meinen Einbildungen freien Lauf, als ich mit einem Mal den Rücken eines Mannes erblicke, der einen Rollkoffer hinter sich herzieht, ein junger Mann, der gleich das Hotel verlassen wird, sein Gang, seine Haltung verströmen Jugendlichkeit, und auf der Stelle bin ich von dieser Erscheinung wie erschlagen, denn diese Erscheinung ist nicht möglich, *eine Erscheinung, die es nicht geben kann*, natürlich könnte ich mich irren, schließlich sehe ich das Gesicht nicht, von dort, wo ich sitze, kann ich es nicht sehen, doch als würde ich dieses Gesicht kennen, als wüsste ich, wem der Mann gleicht, sage ich abermals: Unmöglich, buchstäblich unmöglich, und doch rufe ich einen Vornamen, Thomas, ich schreie ihn fast, Thomas, und die Journalistin mir gegenüber erschrickt, sie saß über ihr Notizheft gebeugt, kritzelte gerade Stichworte, schrieb Sätze von mir hinein, und als hätte ich sie angeschrien, schnellt ihr Blick hoch, ihre Schultern verkrampfen sich, ich müsste mich entschuldigen, aber tue es nicht, bin gefangen von der entschwindenden Erscheinung und warte darauf, dass der geschriene Vorname wirkt, doch der Mann dreht sich nicht um, geht weiter, ich hätte daraus zu schließen, dass ich mich geirrt hatte, dieses Mal ganz und gar, eine Schimäre war's gewesen, ein vom Hin und Her der Leute hervorgerufenes Trugbild, eine Illusion, doch nein, ich stehe auf, ruckartig, ich folge dem Enteilenden, nicht um nachzuprüfen, denn in diesem Moment bin ich mir sicher, recht zu haben, recht gegen das Richtige, gegen das Offensichtliche, ich hole den Mann auf dem Gehsteig ein, ich fasse ihm auf die Schulter, er dreht sich um und.

Kapitel eins

1984

Der Pausenhof eines Gymnasiums, ein geteerter Hof, der von alten Gebäuden aus grauem Stein mit großen hohen Fenstern umschlossen ist.

Heranwachsende mit Rucksack oder der Schultasche zwischen ihren Füßen reden, plappern in kleinen Gruppen, Mädchen mit Mädchen, Jungs mit Jungs. Schaut man genauer hin, erkennt man jemanden, der Aufsicht hat und kaum älter ist.

Es ist Winter.

Man sieht es am kahlen Gezweig eines in der Mitte gepflanzten Baums, der auch abgestorben sein könnte, an den feuchtkalt beschlagenen Fenstern, am Atemhauch, dem Warmreiben von Händen.

Mitte der Achtzigerjahre ist es.

Das wiederum ist erkennbar an der Kleidung, hautenge und hochtaillierte, daheim mit Chlorix gebleichte, nun hellscheckige Jeans, gemusterte Pullis; manche Mädchen tragen bunte knöchellange Wollleggins.

Ich bin siebzehn.

Mir ist nicht klar, dass ich niemals wieder siebzehn sein werde, weiß nicht, dass Jugend nicht dauert, dass sie nur ein Augenblick ist, dass sie entschwindet, und wird man sich dessen bewusst, ist schon Schluss, hat sie sich verflüchtigt, ist sie einem entglitten, einige um mich herum ahnen das und sagen es auch, die Erwachsenen wiederholen es, aber ich höre ihnen nicht zu, ihr Reden rinnt an mir ab, bleibt nicht haften, Wasser auf Entengefieder, ich bin ein Trottel, ein sorgloser Trottel.

Ich bin Schüler der Abiturklasse C des Élie-Vinet-Gymnasiums von Barbezieux.

Barbezieux, das gibt es gar nicht.

Sagen wir's anders. Niemand kann behaupten: Den Ort kenne ich, ich kann ihn auf einer Frankreichkarte zeigen. Ich sollte vielleicht die immer selteneren Leser von Jacques Chardonne, gebürtig von dort, ausnehmen, der eine bezweifelbare »Glückseligkeit« in Barbezieux pries. Oder die viel Zahlreicheren, wobei sie sich vielleicht nicht erinnern werden, die ehedem die Nationalstraße 10 nahmen, um Anfang August in die Ferien nach Spanien oder in die Landes zu fahren, und die sich ebendort wegen einer unsinnigen Abfolge von Ampeln und einer Fahrbahnverengung regelmäßig im Stau wiederfanden.

Barbezieux liegt in der Charente. Dreißig Kilometer südlich von Angoulême. Fast am Ende des Departements, fast schon in Charente-Maritime, fast in der Dordogne. Der kalkige Boden ist für den Weinbau ideal, nicht so lehmig und kühl wie der zum Limousin hin. Meeresklima, die Winter sind mild und regnerisch, Sommer gibt es nicht immer. Soweit ich mich zurückerinnern kann, regiert Grau, ist es feucht. Gemäuerreste aus gallorömischer Zeit, Kirchen, Schlösser; unseres erinnert an eine Trutzburg, doch was gab es damals dort zu verteidigen? Drumherum: Anhöhen; es heißt, die Gegend sei hügelig. Ja, damit hat es sich auch schon ungefähr.

Dort wurde ich geboren. Damals gab es noch eine Entbindungsstation. Sie ist seit vielen Jahren geschlossen. Niemand kommt mehr in Barbezieux zur Welt, die Stadt ist dem Verschwinden geweiht.

Und wer kennt Élie Vinet? Angeblich war er der Lehrer Montaignes, auch wenn das niemals ernsthaft nachgewiesen wurde. Sagen wir, er war ein Humanist des 16. Jahrhunderts, Übersetzer von Catull und Rektor des Collège de Guyenne in Bordeaux. Und zufällig wurde er in Saint-Médard, einem Weiler, der zu Barbezieux gehört, geboren. Nach ihm wurde das Gymnasium benannt. Man fand keinen Überragenderen.

Wer erinnert sich überhaupt noch an die C-Abiturklassen? Heute heißen sie »S«, glaube ich. Auch wenn es nicht genau dasselbe meint. Damals waren es die angeblich strengsten, anspruchsvollsten Mathematikklassen, die einem die Pforten zu den Vorbereitungsstudien öffneten, was einen in die Grandes Écoles schleusen konnte, während die Übrigen nur zur Universität oder zur Fachhochschule verdammten, die man nach zwei Jahren abschloss, oder man blieb gleich dort hängen wie in einer Sackgasse.

Ich entstamme also einer längst entschwundenen Epoche, einer sterbenden Stadt, einer ruhmlosen Vergangenheit.

Dass niemand mich missverstehe: Ich bin darüber nicht untröstlich. So ist es einfach. Ich hatte keine Wahl. Wie jeder. Ich komme damit zurecht.

Siebzehnjährig sind mir die Gegebenheiten allerdings nicht allzu bewusst. Siebzehnjährig träume ich nicht von dem, was heute ist, auch nicht von irgendetwas Paradiesischem. Ich nehme, was mir angeboten wird. Ich entwickele keinerlei Ehrgeiz, bin nicht widerborstig, ich langweile mich nicht einmal.

Ich bin ein Musterschüler, der keine Stunde schwänzt, fast immer die besten Noten bekommt, der Stolz seiner Lehrer. Heute würde ich diesen Siebzehnjährigen ohrfeigen, nicht etwa wegen seiner guten Zensuren, sondern weil er immer nur seinen Richtern gefallen wollte.

Ich befinde mich mit den anderen auf dem Schulhof. Pause. Zwei Stunden Philosophie habe ich hinter mir (»Lassen sich zugleich die Freiheit des Menschen und das Vorhandensein des Unbewussten bejahen?« Uns wurde versichert, dass dies ein typisches Abithema sein könnte.) Ein naturwissenschaftlicher Kurs steht mir bevor. Die Kälte beißt mir in die Wangen. Ich trage einen Strickpullover mit viel Blau. Ein labbrig gewordener Pullover voller Fusseln, den ich viel zu oft anhabe. Jeans und weiße Turnschuhe. Obendrein Brille. Neuerdings. Ohne dass klar ist, warum, sind meine Augen im Jahr davor erheblich schlechter geworden, Kurzsichtigkeit innerhalb weniger Wochen, das Brilletragen wurde mir verordnet, ich habe gehorcht, was auch sonst? Mein Haar ist lockig, fein, die Farbe meiner Augen spielt ins Grün. Ich bin nicht schön, doch ich falle auf; das weiß ich durchaus. Nicht wegen meiner Erscheinung, nein, wegen meiner Noten wird geflüstert: Er ist toll, viel besser als die Übrigen, er wird es weit bringen, wie sein Bruder, die Stars der Familie, von hier und jetzt werden viele nirgendwohin aufsteigen, mir beschert das ebenso viel Zuneigung wie Ablehnung.

Ich bin dieser junge Mann da, im Winter von Barbezieux.

Mitschülerinnen und Mitschüler um mich herum heißen Nadine A., Geneviève C., Xavier C. Ihre Gesichter haben sich meinem Gedächtnis so eingeprägt, wie andere und spätere ihm entschwunden sind.

Aber nicht sie sind es, denen mein Augenmerk gilt.

Vielmehr einem Jungen weiter weg, der zwischen zwei gleichaltrigen Kumpeln gegen eine Mauer gelehnt steht. Ein Bursche mit wildem Haarschopf, schon ein bisschen Bart, dunkel blickenden Augen. Ein Junge aus einer anderen Klasse. Vorabitur D. Eine andere Welt. Zwischen uns eine unüberwindliche Grenze. Vielleicht eine aus Verachtung. Zumindest der Geringschätzung.

Und ich, ich sehe nur ihn, den hochgewachsenen, feingliedrigen und zurückhaltenden Jungen, der nicht spricht, dem es genügt, unbewegt und sogar ohne ein Lächeln den beiden anderen zuzuhören.

Ich kenne seinen Namen. Thomas Andrieu.

Ich sage es Ihnen ohne Umschweife: Ich bin der Sohn des Lehrers, des Schuldirektors. Und ich bin in einer Grundschule, acht Kilometer von Barbezieux entfernt, aufgewachsen, im Erdgeschoss die einzige Dorfklasse, im ersten Stock die Wohnung, die uns zugewiesen worden war.

Mein Vater war von der Vorschule bis zum Ende der Grundschule mein Lehrer. Sieben Jahre Unterricht bei ihm, er im grauen Kittel, wir hinter unseren Holzpulten, sieben von einem Ölofen beheizte Jahre, an den Wänden die Karten von Frankreich, des damaligen Frankreich, ein Frankreich mit seinen Flüssen und Nebenflüssen, den Städtenamen, größer oder kleiner je nach Einwohnerzahl, gedruckt von der

Verlagsbuchhandlung Armand Colin, und vor den Fenstern der Schatten zweier Lindenbäume, sieben Jahre, in denen ich ihn im Unterricht mit »Monsieur« und »Sie« anredete, nicht etwa, weil er mich darum gebeten hätte, sondern um mich nicht hervorzutun, mich nicht von meinen Kameraden zu unterscheiden, doch auch weil er die Autorität darstellte, dieser Vater, die fraglose Autorität. Nach dem Unterricht blieb ich mit ihm im Klassenraum, um meine Schularbeiten zu machen, während er die Stunden des nächsten Tages vorbereitete, in seinem großen Heft mit kariertem Papier waagerechte und senkrechte Striche einzeichnete und die leeren Felder mit seiner schönen regelmäßigen Schrift füllte. Er stellte das Radio an, er hörte die Interviewsendung *Radioscopie* von Jacques Chancel. Ich habe es nicht vergessen. Aus solch einer Kindheit stamme ich.

Mein Vater verlangte von mir gute Noten. Ich durfte nicht unbegabt, nicht einmal mittelmäßig sein. Ich sollte ganz einfach der Beste sein. Nur einen Platz gab es für mich, den ersten. Er behauptete, dass Lernen zum Glück führe, dass man nur durch Lernen »mit dem Fahrstuhl nach oben« gelange. Er wollte, dass ich auf die Grandes Écoles komme, etwas anderes stand nicht zur Debatte. Ich habe gehorcht. Wie bei der Brille. Zwangsläufig.

Kürzlich bin ich an diesen Ort meiner Kindheit, das Dorf, das ich seit so vielen Jahren nicht betreten hatte, zurückgekehrt. Ich bin mit S. gefahren, damit er *Bescheid weiß*. Während der Gitterzaun mit seiner hängenden Glyzinienfülle noch dasteht, wurden die Linden gefällt, und die Schule selbst ist seit Langem geschlossen. Wohnungen wurden eingebaut.

Mit dem Finger habe ich auf mein Zimmer gezeigt. Ich habe versucht, mir die neuen Bewohner vorzustellen, vergebens. Danach sind wir wieder ins Auto gestiegen, und ich habe ihm die Stelle gezeigt, an die alle zwei Tage ein Lieferwagen, ein alter Citroën, als fahrender Tante-Emma-Laden kam, den Kuhstall, wo wir Milch holten, die Kirche mit ihrem brüchigen Putz, den abschüssigen Friedhof, den Wald, in dem Anfang Oktober Maronen wuchsen. Er konnte sich nicht vorstellen, dass ich von hier stammte, aus dieser so bäuerlichen, erdigen Welt, dieser langsamen, fast reglosen, versteinerten Welt. Er sagte mir: Dazu brauchte es schon einiges, Willen, um dich hier zu etwas werden zu lassen. Er sagte nicht: Ehrgeiz, Mut oder Hass. Ich habe ihm geantwortet: Mein Vater hat es für mich gewollt. Ich selbst wäre hier wohl stecken geblieben, in dieser Kindheitskapsel.

Ich weiß nicht, wessen Sohn Thomas Andrieu ist, und auch nicht, ob das die geringste Bedeutung hat. Ich weiß nicht, wo er wohnt. Damals wusste ich nichts von ihm. Nur Abschlussklasse D. Und das wilde Haar, der dunkle Blick. Den Namen, weil ich ihn schließlich in Erfahrung gebracht hatte. Scheinbar einfach so, eines Tages, mit einer Miene und in einem Ton, als ginge es um nichts, gleich danach ein anderes Thema. Aber nach mehr habe ich nicht gefragt.

Vor allem will ich nicht, dass jemand von meinem Interesse an ihm weiß. Denn vor allem will ich nicht, dass sich gefragt wird, weshalb ich mich für ihn interessiere.

Denn diese Frage würde nur die Gerüchte schüren, die über mich im Umlauf sind. Es heißt, ich würde »Jungen mehr mögen«. Dass meine Hände sich manchmal mädchenhaft bewegen, wird bemerkt. Und in Sport bin ich nicht gut, eine Null im Turnen, unfähig, eine Kugel zu stoßen, einen Speer zu werfen, Fußball und Volleyball sind mir egal. Außerdem mag ich Bücher, lese viel, oft sieht man mich mit einem Roman in Händen aus der Bibliothek des Gymnasiums kommen. Nichts ist bekannt über eine Freundin von mir. Das reicht, um einen gewissen Ruf zu nähren. Ja, wenn ich irgendwo langgehe, ertönt laut von Weitem oder geflüstert die Beleidigung »der dreckige Schwule« (manchmal auch einfach nur »Schwuchtel«), was ich möglichst nicht wahrnehmen will, worauf ich niemals antworte, sondern vielmehr die größte Gleichgültigkeit zur Schau stelle, so, als hätte ich es nicht gehört (als ließe es sich überhören!). Was meinen Fall noch verschlimmert: Ein waschechter und rüstiger Heterosexueller hätte sich niemals so etwas an den Kopf werfen lassen, er hätte lauthals protestiert, dem Beleidiger die Fresse poliert. Wer es zulässt, der bestätigt.

Das stimmt, ich »mag Jungen mehr«.

Doch bin ich noch nicht fähig, diesen Satz auszusprechen.

Meine Neigung habe ich sehr früh entdeckt. Mit elf wusste ich es. Mit elf hatte ich verstanden. Ich fühle mich damals zu einem Jungen im Dorf, mit dem Vornamen Sébastian und zwei Jahre älter als ich, hingezogen. Das Haus, in dem er nicht weit von uns wohnt, besitzt ein Nebengebäude, eine Art Scheune. Nach dem Erklimmen einer wackeligen Leiter betritt man einen Raum, in dem alles Mögliche verstaut wird. Sogar eine Matratze. Auf dieser Matratze wälze ich mich das erste Mal umschlungen mit Sébastian. Wir sind noch nicht in der Pubertät, aber sind neugierig auf den Körper des anderen. Sein Glied ist das erste, das ich in die Hand nehme. Er gibt mir den ersten Kuss. Die erste Umarmung, Haut auf Haut, mit ihm.

Elfjährig.

Es kommt auch vor, dass wir uns in der ruhigen Zeit im Wohnwagen meiner Eltern in der Garage nebenan verkriechen (zu Frühlingsanfang wird er dann auf dem Platz der Campingfreunde von Saint-Georges-de-Didonne aufgestellt, wo wir das Wochenende verbringen, Strandwanderungen machen, am Meeressaum Spritzgebäck und auf dem Markt Sandgarnelen kaufen, die wir dann zum Aperitif aus unseren Trinkschalen verspeisen). Ich weiß, wo der Schlüssel ist. Wir fühlen uns in unserem Versteck sicher, es ist dunkel, wir können uns genauer befühlen, keine Scham hemmt uns.

Heute bin ich über unsere Frühreife verblüfft, denn zu jener Zeit gab es kein Internet, nicht einmal Videokassetten, kein Pay-TV, Pornos hatten wir niemals gesehen, und trotzdem wussten wir, was zu tun war, stellten uns geschickt und einfühlsam an. Gewisse Dinge muss man nicht lernen, sogar als Kind nicht. In der Pubertät werden wir noch einfallsreicher sein. Sie kommt schnell.

Die Offenbarung ist für mich keineswegs niederschmetternd. Im Gegenteil, sie entzückt mich. Erstens, weil sie unbeobachtet stattfindet und weil Kinder auf heimliche Spiele, Verborgenes, in das Erwachsene sich nicht einmischen können, erpicht sind. Dann, weil ich nichts Schlimmes daran finde, Freude zu empfinden; ich genieße es mit Sébastian, zwischen Vergnügen und Fehler erkenne ich keinen Zusammenhang. Letztendlich, weil ich ahne, dass die ganze Situation mich besonders macht. Ich werde nicht all den Übrigen gleichen. Ich werde mich unterscheiden. Ich werde nicht länger der Musterknabe sein. Dem Rudel werde ich nicht folgen müssen. Instinktiv verachte ich Rudel. Das hat sich nicht geändert.

Später also schlägt mir die Brutalität entgegen, die dieser mutmaßliche Unterschied hervorruft. Ich vernehme die berüchtigten Verunglimpfungen, zumindest ätzende Anspielungen. Ich sehe um mich herum übertrieben weibische Gesten, affig baumelnde Hände, theatralischen Augenaufschlag, angedeutete Fickbewegungen. Um auf diese Rohheit nicht reagieren zu müssen, schweige ich. Aus Feigheit? Vielleicht. Notgedrungen eine Methode, um mich zu schützen. Doch niemals werde ich wankelmütig. Niemals werde ich denken: Ich tue Schlechtes, oder: Ich hätte besser wie alle anderen werden sollen, oder: Ich werde lügen, damit sie mich akzeptieren. Niemals. Ich stehe zu dem, was ich bin. Gewiss nur still. Doch in entschlossener Stille. Stolz.

Den Namen habe ich behalten. Thomas Andrieu.

Ich finde, es ist ein schöner, ein sehr passender Name. Noch weiß ich nicht, dass ich eines Tages Bücher schreiben, Personen erfinden werde, denen ich Namen geben muss, aber ich habe schon ein Gefühl für die klangliche, fließende Übereinstimmung. Ich weiß immerhin auch, dass Vornamen manchmal die Herkunft verraten, ein Milieu, und dass diejenigen, die sie tragen, einer bestimmten Ära angehören.

Ich werde entdecken, dass Thomas Andrieu zur trügerischen Identität wird.

In den Sechzigerjahren wurden nicht viele Thomas genannt (denn »mein« Thomas wird 1984 achtzehn sein). Die Jungen heißen eher Philippe, Patrick, Pascal oder Alain. In den Sechzigerjahren sind Christophe, Stéphane, Laurent noch häufiger. Im Grunde kommt Thomas erst richtig in den Achtzigerjahren in Mode. Also ist dieser Junge mit den schwarzen Augen seiner Zeit voraus. Oder vielmehr seine Eltern sind es. Das schlussfolgere ich. Doch das stimmte, wie ich erfahren sollte, nicht. Es war der Vorname eines früh verstorbenen Großvaters, damit hatte es sich.

Sodann ist Andrieu rätselhaft. Der Name eines Generals, eines Geistlichen oder aber Bauern könnte es sein. Immerhin scheint der Name, ohne dass ich genau erklären könnte, warum, auf Grundbesitz zu deuten.

Kurz, ich kann mir alles vorstellen. Und darauf verzichte ich nicht. An einigen Tagen stammt T. A. aus einer unkonventionellen Familie, die mit den Mai-Unruhen von 1968 sympathisiert hat. An anderen Tagen ist er ein leicht verwilderter Bürgersohn, wie es bisweilen bei Sprösslingen vorkommt, die ihre verklemmten Eltern ärgern wollen.

Meine Sucht, Lebensläufe zu erfinden; ich hatte es bereits erwähnt.

Jedenfalls wiederholte ich den Vornamen für mich und in aller Stille liebend gern. Ich bin wahnsinnig gefühlsselig; das hat sich seither übrigens kaum geändert.

Ich halte mich an jenem Morgen also auf dem Schulhof auf und beobachte heimlich Thomas Andrieu.

Aber das war nicht der Anfang, schon davor geschah es. Oft habe ich zu ihm hingeblickt, kurz. Ich bin ihm auch schon auf den Gängen begegnet, sah ihn auf mich zukommen, knapp an mir vorbeigehen, fühlte, wie er sich hinter mir entfernte, ohne sich umzudrehen. Ich fand mich gleichzeitig mit ihm in der Kantine wieder, er beim Mittagessen mit seinen Klassenkameraden, doch nie saßen wir am selben Tisch; die Klassen vermischen sich kaum. Einmal erspähte ich ihn, als er im Unterricht vorn am Pult stand, er musste etwas vortragen, und einige Kursräume sind verglast; ich ging langsamer, er konnte mich nicht bemerken, da er zu sehr in seine Ausführungen vertieft war, ich habe ihn, der nichts vermuten konnte, betrachtet. Manchmal setzt er sich auch auf die Stufen vor dem Gymnasium und raucht eine Zigarette; ich erwischte seinen ziellosen Blick, als Rauch seinem Mund entquoll. Abends sah ich ihn das Gymnasium verlassen, zum Campus gehen, zur Bar neben dem Schulgelände und gleich an der Kreuzung der Nationalstraße 10, sah ihn eintreten, um dort wahrscheinlich seine Freunde zu treffen. Wenn ich an den Barfenstern vorbeiging, kippte er gerade ein Bier, flipperte. Ich erinnere mich, wie er mit seinen Hüften an den Flipper stieß.

Doch kein Wort war gefallen; kein Kontakt. Nicht einmal zufällig. Nicht einmal versehentlich.

Ich gab immer acht, nie zu lange zu verharren, um bei ihm keine Verwunderung auszulösen oder ein Unbehagen, beobachtet zu werden.

Ich sinne nach: Er kennt mich nicht, ganz und gar nicht. Natürlich hat er mich wahrscheinlich gesehen, aber nichts ist ihm haften geblieben, nicht das kleinste Bild. Vielleicht sind ihm die Gerüchte, die über mich im Umlauf sind, zu Ohren gekommen, aber er gehört nie zu denen, die mir nachpfeifen, über mich spotten. Er würde auch nie das Lob hören, das die Lehrer über mich ausschütten; es hätte ihn völlig kaltgelassen.

Ich bin für ihn ein Fremder.

Mein Verlangen bewegt sich in einer Einbahnstraße. Mit einer Energie, aus der nichts entspringen wird. Bei dieser ungeteilten Liebe.

Ich fühle es, dieses Verlangen, es kribbelt im Bauch, rieselt durch mein Rückgrat. Aber ich muss es fortwährend zügeln, unterdrücken, damit es den anderen nicht auffällt und mich nicht verrät. Denn ich habe bereits gelernt, dass Verlangen sichtbar ist.

Die Anspannung gleichfalls, ich fühle es. Ich erkenne eine Bewegung, eine Umlaufbahn, etwas, das mich zu ihm führt, mich wieder von ihm entfernt, ununterbrochen. Ich muss reglos bleiben. Mich zurückhalten.

Das Gefühl der Liebe erfüllt mich, beglückt mich. Doch es verbrennt mich auch, tut so weh wie jede unmögliche Liebe mit all ihren Schmerzen.

Denn dieser Unmöglichkeit bin ich mir äußerst bewusst.

Mit einer Schwierigkeit kann man zurechtkommen; die Bemühungen und Tricks werden verdoppelt, in der Hoffnung, sie zu überwinden, versucht man, verführerisch zu sein, rückt sich ins rechte Licht. Doch der schieren Unmöglichkeit wohnt unsere Niederlage inne.

Dieser Junge ist, *ganz offensichtlich*, nicht für mich bestimmt.

Und das nicht nur, weil ich nicht attraktiv, nicht verlockend genug wäre. Er ist ganz einfach für die Jungen verloren. Er ist nicht für sie geschaffen, für die, wie ich es einer bin. Die Mädchen werden ihn erobern.

Sie kreisen übrigens um ihn. Sie nähern sich, suchen seine Aufmerksamkeit, wollen in seiner Nähe sein. Sogar diejenigen, die sich gleichgültig geben, täuschen das nur vor und wollen in seiner Gunst stehen.

Er schaut sich das an und lässt sie machen. Er weiß, dass er gefällt. Menschen, die gefallen, wissen darum. Es ist wie eine stille Gewissheit.

Manchmal lässt er sie an sich heran. Ich habe ihn schon ziemlich eng vertraut mit einigen von ihnen gesehen; sie sind oft sehr hübsch. Sofort habe ich kurz eine stechende Eifersucht verspürt. Und bittere Machtlosigkeit.

Trotz alledem hält er sie meist auf Distanz. Mir kommt es so vor, als sei er lieber mit seinen Altersgenossen oder seinen Schulkameraden zusammen. Dass sein Hang zu Freundschaft und Kameradschaft alles andere überlagert. Davon bin ich denn doch überrascht, eben weil er seine Schönheit leicht als Waffe einsetzen könnte, weil er im Alter für Eroberungen ist und weil sich die anderen durch viele Eroberungen beeindrucken ließen. Seine Zurückhaltung reicht dennoch nicht aus, um in mir nicht eine stille Hoffnung zu nähren. Ich finde ihn leider nur noch sympathischer. Ich bewundere jemanden, der seine Macht nicht ausübt.

Er ist auch gerne allein, allem Anschein nach. Er raucht allein. Spricht wenig. Und dann vor allem seine Körperhaltung, an eine Mauer gelehnt, Blick nach unten, auf seine Turnschuhe, diese Art, abwesend zu sein.

Ich glaube, wegen dieses Alleinseins liebe ich ihn. Eigentlich ist es genau das, was mich sofort zu ihm hingezogen hat.

Ich liebe es, wie er in sich gekehrt ist, sich absondert und dabei nichts fürchtet. Solche Eigenart berührt mich, weckt all meine Zuneigung.

Aber kehren wir zu diesem Morgen im Winter 1984 zurück, einem Winter mit schneidendem Wind, Unwettern, Schiffbrüchen im Ärmelkanal, Schneestürmen auf der Wetterkarte, die Acht-Uhr-Nachrichten werden geschaut (es hieß noch acht, nicht zwanzig Uhr).

Der Morgen würde allen übrigen ähneln, durchdrungen von meinem fruchtlosen Begehren, seinem Unwissen über mich.

Außer, dass die Dinge unabsehbar werden.

Als die Pause zu Ende geht, gleich wieder zum Unterricht geläutet wird, einige Schüler allmählich in die Gänge verschwinden, die beißende Kälte des Schulhofs hinter sich lassen, das Reden über Politik, das Fernsehprogramm, über die bevorstehenden Ferien im Februar verebbt, als Nadine, Geneviève und Xavier, um ihre Mappen aus dem Mehrzwecksaal zu holen, mich allein und kniend beim Suchen eines naturwissenschaftlichen Buchs im Durcheinander meines Rucksacks zurücklassen, ahne ich plötzlich, dass jemand da ist, neben mir. Ich erkenne sofort die weißen Turnschuhe, ich fühle mich wie gekreuzigt, langsam hebe ich den Kopf dem Jungen entgegen, der in voller Größe vor mir steht; hinter ihm ein blauer, makelloser Himmel und das Strahlen einer kalten Sonne. Thomas Andrieu ist allein, auch er, seine Kameraden steigen wahrscheinlich die Treppen zu einem Kursraum hinauf, später wird er sagen, er habe einen Vorwand gesucht, damit sie schon losgingen, nicht auf ihn warteten, dass er noch in die Schulbibliothek müsse, um eine Zeitschrift zu holen, irgend so etwas. Mich zu seinen Füßen, steht er aufrecht in der Winterkälte. Ich richte mich auf, unruhig, wie vor den Kopf geschlagen, und mühe mich dennoch, nichts von dieser Unruhe und Verblüffung zu zeigen. Ich dachte, dass er mir einen Faustschlag verpassen könnte, ja, mir schießt durch den Kopf, dass er mir ohne Zeugen ins Gesicht schlägt, ich weiß nicht, warum er so etwas tun sollte, vielleicht weil die Beleidigungen nicht mehr genügen und zur Tat geschritten werden musste, ich sagte mir jedenfalls, das sei denkbar, dass es geschehen könne; das spricht Bände über den Widerwillen, den ich hervorzurufen glaube. Und über meine Verblendung gleichfalls. Denn er sagt ruhig: Ich habe heute Mittag keine Lust auf die Kantine. Wir könnten in der Stadt ein Sandwich essen. Ich wüsste, wo. Er nennt die Adresse. Eine genaue Uhrzeit. Ich starre ihn an. Ich sage: Ich werde da sein. Langsam senken sich seine Augenlider; das ist es, seine geschlossenen Augen, eine Sekunde lang, wie eine Erleichterung, eine Bestätigung. Und er geht weg, ohne ein weiteres Wort. Ich bleibe mit meinem Biologiebuch zurück, konfus, bevor ich mich wieder hinhocke, meinen Rucksack verschließe. Ich weiß, was sich soeben zugetragen hat, ich bin nicht verrückt, und trotzdem kommt es mir *unglaubhaft* vor. Ich spähe über den Asphalt, höre, wie es um mich einsam wird, der Schulhof sich leert, Stille sich ausbreitet.

Lange werde ich an diesen Augenblick zurückdenken, den Moment, in dem der junge Mann kam, sicheren Schritts. Ich werde daran denken wie an einen perfekten Zeitspalt, ein Startfenster, das im Nu verschwindet, an eine schier unfassliche Fügung. Ich hätte mich nicht von meinen Freunden zurückgelassen befinden können, er hätte seine nicht überreden können, ihm schon vorauszugehen, der Augenblick hätte nicht stattgefunden. Eine Winzigkeit hätte ausgereicht.

Ich versuche, den Anteil an Zufall, den Anteil an Glück zu ermessen, das Wesen der Unwägbarkeit einzuschätzen, die zu der Begegnung führte, und es gelingt mir nicht. Wir leben im Zufälligen. (Im Nachhinein hat er mir anvertraut, er habe mehrmals, bevor er sich nahte, auf diese ideale Konstellation gewartet, sie habe sich aber niemals ergeben. Bis zu jenem Morgen.)

Ich werde oft in den folgenden Jahren über das Unwägbare, das Unvorhergesehene schreiben, das die Ereignisse bestimmt.

Gleichfalls werde ich über die Begegnungen schreiben, die alles Vorherige verändern, über unerwartete Umstände, die den Lauf des Lebens wandeln, unbeabsichtigte Zusammentreffen, die einen aus der Bahn werfen.

Damals begann es, im Winter, als ich siebzehn war.

Zur vereinbarten Zeit öffne ich die Tür des Cafés.

Es befindet sich am Stadtrand. Die Wahl des Orts, der alles andere als zentral liegt und keineswegs leicht zu erreichen ist, überrascht mich. Ich denke: Er hat eine Vorliebe für Plätze abseits der Betriebsamkeit. Ich habe noch nicht begriffen, dass er ihn selbstverständlich deshalb ausgesucht hat, weil er vor Blicken sicher ist. Ich bin noch dermaßen unschuldig, dumm.

Auch wenn ich mich in Vorsicht übe, die Kunst beherrsche, auf Anfeindungen nicht zu antworten, so verstehe ich mich noch nicht auf Verstellung, Heimlichkeit. Das offenbart sich mir dort, mit diesem Café, am Rand der Stadt und mit kaum Kundschaft. Die Leute, die hier etwas zu sich nehmen, sind nur auf Durchreise, sind oft Lastwagenfahrer, die eine Pause einlegen, bevor ihre Tour weitergeht. Oder Pferdenarren, die ihre Rennsportscheine stempeln lassen. Oder alte Säufer, die sich mit glasigem Blick auf den Tresen stützen und gegen die *sozialistisch-kommunistische Macht* wettern. Leute, die uns jedenfalls nicht kennen können, für die wir nichts bedeuten, bei denen wir nichts wachrufen und die uns vergessen haben, sobald wir verschwunden sind.

Er ist bereits da, als ich eintrete. Absichtlich wollte er vor mir da sein, vielleicht um das Terrain zu sondieren, sich sicher zu sein, dass wir nichts riskieren und nicht dabei gesehen würden, wie er und ich gemeinsam einträten.

Als ich auf ihn zugehe, bemerke ich die klebrigen Fliesen unter meinen Sohlen, die himmelblauen und kanariengelben Resopaltische, ich habe den feuchten Schwamm vor Augen, der nach dem Abräumen der leeren Kaffeetassen, der geleerten Biergläser rasch darüberwischt, ich sehe die Cinzano- und Byrhh-Werbung an den Wänden, ein Frankreich der Fünfzigerjahre. Hinter dem Tresen ein Kerl mit strenger Miene, das Handtuch über die Schulter geworfen, wie einem Film mit Lino Ventura entsprungen. Ich komme mir vor wie ein Eindringling, ein Irrtum.

Thomas hat sich hinten in den Raum gesetzt, um ganz wunschgemäß nicht aufzufallen. Er raucht oder zieht vielmehr unruhig an einer Zigarette (in den Cafés wurde noch geraucht). Ein gezapftes Bier ist vor ihm abgestellt (man schenkt Alkohol an Minderjährige aus). Je mehr ich mich ihm nähere, desto deutlicher sehe ich diese Unruhe, die nur aus Schüchternheit besteht, etwas zwischen Unbeholfenheit und Erregung, eher eine Art von Verwirrung als Furcht. Ich frage mich, ob er sich schämt, ich will glauben, dass es sich nur um Verlegenheit handelt, einen Ausdruck seiner Scheu. Auch das Wilde, das ihn besonders macht, erkenne ich wieder. Ich bin verstört, denn mir fällt seine männliche Selbstsicherheit ein, sein ruhiges Zutrauen. Ich könnte abgestoßen sein von der Verwandlung seines stolzen Wesens, doch in Wahrheit berührt nichts mich mehr als das Zerbrechen einer Rüstung und der Mensch, der dahinter zum Vorschein kommt.

Als ich mich ohne ein Wort ihm gegenüber hinsetze, hebt er anfangs nicht den Kopf. Sein Blick bleibt auf den Aschenbecher gerichtet. Er klopft Asche von seiner Zigarette, aber sie ist nicht weit genug geraucht. Dieses Tun soll ihm Gelassenheit vermitteln, doch lässt es ihn nur umso verwundbarer erscheinen. Das Bier rührt er nicht an. Ich meinerseits bleibe stumm und bin überzeugt, dass er als Erster reden wird, denn von ihm kam die Initiative zu dieser seltsamen Einladung. Ich ahne, dass das Schweigen sein Unbehagen steigert, aber was soll ich tun?

Ich selbst zittere. Ich spüre das Zittern wie bei einem unerwarteten Kälteeinbruch, der uns erschauern lässt, in meinem Innern. Ich sage mir: Das muss er doch sehen, mein Zittern, zumindest das.

Und schließlich spricht er. Ich rechne mit üblichen Sätzen, um das Eis zu brechen, uns vom Peinlichen zu befreien, um auf etwas Gewöhnliches zu kommen. Er könnte mich fragen, wie es mir geht, ob ich leicht hergefunden hätte oder was ich trinken will, solche Fragen würde ich begreifen, ich würde sie begierig beantworten, überglücklich, wieder Boden unter die Füße zu bekommen, damit das Zittern nachlässt.

Doch nein.

Er sagt, dass er so etwas bisher niemals getan habe, nie, dass er nicht einmal wisse, wie er es gewagt habe, wie er sich dazu fähig gefühlt, wie es ihn übermannt habe, er deutet sämtliche Selbstbefragungen, all die Unschlüssigkeit, das Entsagen an, das er hinter sich hat, all die Hindernisse, die er überwinden musste, die Einwände, gegen die er sich stemmte, den inneren, intimen, stillen Kampf, den er bis zu diesem Moment geführt hat, aber er fügt an, dass er es nun geschafft hat, weil er keine andere Wahl hatte, weil er es tun musste, es unausweichlich wurde und er fürs Kämpfen keine Kraft mehr gehabt habe. Er saugt an der Zigarette, beißt beinahe in sie hinein. Der Rauch vernebelt seinen Blick. Er sagt, er wisse nicht, wie er damit zurechtkomme, aber dass es da sei, vor mir platzt es aus ihm so heraus wie bei einem Kind, das den Eltern sein Spielzeug vor die Füße schleudert.

Er sagt, er könne nicht mehr *allein sein mit diesem Gefühl.*

Es quäle ihn zu sehr.

Mit diesen Worten ist er am Kern, er hat nicht drum herumgeredet. Er hätte sich auf Ausweichmanöver einlassen können, gewundener reden oder schlicht verzichten können. Er hätte vorab erkunden können, ob er sich in mir nicht täusche. Ganz im Gegenteil hat er sich entschlossen, sich mir auszuliefern, nackt bis auf die Haut, auf seine Art zu sagen, welche Kraft ihn zu mir treibt, trotz des Risikos, missverstanden, verhöhnt, abgewiesen zu werden.

Ich sage: Warum ich?

Ein Weg, geradeheraus, meinerseits nun genauso direkt, genauso offen zu sein. Ein Weg, allem Anerkennung zu zollen, was angesprochen war, uns zu erlösen. Auszudrücken: Ich habe verstanden, das ist völlig in Ordnung, das gefällt mir, das teilen wir alles.

Gleichwohl bin ich von allem, was aufwallte, bestürzt, denn nichts hat mich darauf vorbereitet, und alles widerspricht meinen Gewissheiten. Was ich erfuhr, ist eine völlige Enthüllung, eine Geburt, eine Offenbarung. Es ist aber auch eine Explosion, ein Schuss, der ganz dicht an meinem Trommelfell abgefeuert wurde.

Aber im Bruchteil einer Sekunde ahne ich, dass ich die Situation im Griff behalten muss, dass er ein Stammeln, Stottern nicht ertragen könnte, sonst würde alles zusammenbrechen, am Boden zerschellen.

Und instinktiv weiß ich, dass weiteres Fragen uns vor dem Sturz, der Katastrophe nicht bewahren könnte.

Die Frage hat sich wie von selbst aufgedrängt: Warum ich?

Die Bilder geraten durcheinander: Brille eines Kurzsichtigen, der ausgebeulte Pullover, der Schüler mit dem Ohrfeigengesicht, zu guten Noten, mädchenhaften Bewegungen. Die Frage ist berechtigt.

Er sagt: Weil du ganz anders bist als die Übrigen, weil man nur dich sieht, ohne dass du es merkst.

Er fügt den mir unvergesslichen Satz an: Weil du fortgehen wirst und wir bleiben werden.

Beim Niederschreiben dieser Worte kommen mir die Tränen.

Ich kann es nicht fassen, dass dieser Satz an jenem Tag ausgesprochen wurde, dass er mir galt. Man verstehe mich recht: Nicht die mögliche Vorahnung darin, nicht, dass es zugetroffen hat, hält mich in seinem Bann. Auch nicht die Reife oder die Einsicht, die er voraussetzt. Der Wortlaut ebenfalls nicht, sogar wenn ich mir bewusst werde, dass ich damals diese Worte niemals hätte finden, noch später sie hätte formulieren können. Ihre Gewalt zeichnet sie aus, was sie vermitteln: Neben der Unterlegenheit, die sie ausdrücken, bezeugen sie unterschwellig Liebe, die Liebe, die durch das baldige Verschwinden zwingend, unausweichlich geworden ist, die dadurch auch mögliche Liebe.

Er weiß etwas, von dem ich nicht weiß: dass ich aufbrechen werde.

Dass mein Leben sich woanders abspielen wird. Weit, weit weg von Barbezieux, seiner Ödnis, dem bleiernen Himmel, seinem trüben Horizont. Dass ich dem entschlüpfen werde, wie man einem Gefängnis entflieht, und mit Erfolg.

Dass ich in die Hauptstadt will, mich dort entfalten, meinen Platz finden und vorankommen werde.

Dass ich alsdann den Planeten durchpflüge, denn Sesshaftigkeit passt nicht zu mir.

Er stellt sich einen Aufstieg vor, immer weiter hinauf, eine Epiphanie. Er hält mich für ein glanzvolles Schicksal auserkoren. Er ist überzeugt davon, dass es inmitten unserer von den Göttern fast vergessenen Gemeinde eine winzige Zahl Auserwählter gibt und ich dazugehöre.

Er meint, dass ich demnächst nichts mehr mit der Welt meiner Kindheit zu schaffen haben würde, dass sie wie zu einem Eisblock werde, der von einer Landmasse abgedriftet ist.

Hätte er diese Überzeugung ausgesprochen, hätte ich laut losgelacht.

Ich habe schon gesagt: Zu dem Zeitpunkt habe ich keinerlei besonderen Ehrgeiz. Es war mir klar, dass ich lange und anspruchsvolle Studiengänge zu bewältigen hätte – ich bin so diszipliniert, so respektvoll –, aber ich habe keine Ahnung, in welche Richtung, ich mutmaße, dass einige Pässe zu erklimmen wären – wobei ich kein übler Kletterer bin –, die Gipfel jedoch bleiben im Ungewissen, verschwommen; letztendlich liegt meine Zukunft im Nebel, und mir ist das egal.

Schlimmer noch: Ich habe keine Ahnung, dass ich eines Tages Bücher schreiben werde. Schon die Annahme ist unvorstellbar, liegt außerhalb jeder Möglichkeit, übersteigt meine schlichte Fantasie. Und falls sie mir doch einmal in den Sinn käme, würde ich sie sofort verjagen. Der Sohn eines Schuldirektors ein Gaukler? Niemals. Bücher zu fabrizieren, wäre keine angemessene Beschäftigung und vor allem kein Beruf, das bringt kein Geld ein, verschafft keine Sicherheit, keinen Status. Zudem hat es mit dem wahren Leben nichts zu tun, das Schreiben, es ist jenseits davon oder abseitig. Nein, niemals, mein Sohn, denk nicht einmal daran! Ich höre noch meinen Vater.

Und ich habe es erwähnt: Mir ist nicht nach Flucht, ich habe kein Verlangen danach. Später wird es mich heimsuchen, überwältigen. Ganz klassisch begann es mit Freude am Reisen, neue Gefilde, Postkartengegenden, von der Landkarte bekannt. Ich werde Züge, Schiffe, Flugzeuge nehmen, Europa sichten. London werde ich entdecken, eine Jugendherberge neben Paddington Station, Bronski Beat bei einem Konzert, Trödelläden, die Redner im Hyde Park, Bierabende, Dart, ein paar wilde Nächte. Rom, zwischen Ruinen marschieren, unter Pinien verschnaufen, Münzen in die Brunnen werfen, Jungen mit gegeltem Haar beobachten, die Mädchen hinterherpfeifen, rau und sinnlich. Barcelona, betrunkenes Schlendern auf den Ramblas und die Zufallsbegegnungen am Meer, zu später Stunde. Lissabon und die Traurigkeit, die mich angesichts von so viel verblichenem Glanz überwältigt. Amsterdam mit seinen bezaubernden Gesimsschnecken und dem roten Neonlicht. Was man so mit zwanzig Jahren unternimmt, Sie wissen schon. Daraufhin werde ich Geschmack an der Umtriebigkeit finden, unmöglich, irgendwo lange auszuharren, der Widerwille, Wurzeln zu schlagen, festgehalten zu werden, »egal wohin, aber anderes Land um mich herum«, so heißt es in einem Schlager; ich erinnere mich an Schanghai, das Menschengewimmel, die Hässlichkeit einer künstlichen Stadt, die nicht einmal ihr majestätischer Fluss rettet, erinnere mich an das schwarze Johannesburg, wo ich ein weißer Fremdling war, diese Provokation, ich erinnere mich an Buenos Aires, an stolze und verzweifelte Menschen, die auf einem Vulkan tanzten, Mädchen mit endlosen Beinen und Greise, die auf etwas warteten, das nicht wiederkehren würde. Noch später der Drang auszuwandern, Tausende von Kilometern, um Zeitverschiebung zwischen Frankreich und mich zu legen, die ernste Absicht, mich ohne Wenn und Aber in

Los Angeles niederzulassen, niemals zurückzukehren. Doch mit siebzehn nichts, nichts von alledem. Nichts von Fortgehen.

Thomas Andrieu sagt, dass alles verborgen bleiben muss. Niemand etwas wissen darf. Das ist die Bedingung. Entweder oder. Er drückt seine Zigarette im Aschenbecher aus. Hebt endlich den Kopf. Ich sehe die von dunkler Entschlossenheit fast wütend gewappneten Augen. Ich sage, einverstanden. Das beeindruckt mich, dieses Fordernde, dies brennend Wunde in seinem Blick.

Tausend Fragen wirbeln durch meinen Kopf: Wie hat das für ihn angefangen? Wie ist es übermächtig geworden? Und wann? Wie macht er es, dass es ihm niemand anmerkt? Ja, wie kann es so unvermutbar sein? Und dann: Bedeutet es Leiden? Nur Leiden? Und noch: Werde ich der Erste sein? Oder hat es andere vor mir gegeben, ebenso heimlich weitere? Und auch: Was stellt er sich *genau* mit uns vor? Ich stelle keine dieser Fragen, natürlich nicht. Ich akzeptiere seine Macht, seine Spielregeln.

Er sagt: Ich kenne einen Platz.

Die Abruptheit, das Brutale des Vorschlags machen mich fassungslos. Vor einer Stunde waren wir uns noch völlig fremd, glaubte ich jedenfalls, da ich sein Verlangen nach mir nicht erkannt, nicht bemerkt hatte, dass er mir manchmal insgeheim Blicke zugeworfen hatte, ich wusste nicht, dass er sich über mich erkundigt, viel Mühe auf sich genommen hatte, also, ja, ich wiederhole: Wir waren uns fremd, und nun schlägt er mir ohne Umschweife vor, mich wer weiß wohin mitzunehmen, um sonst was zu machen.

Ich sage: Ich folge dir.

In diesem Augenblick würde ich ihm überallhin folgen, wo ich alles täte, was er von mir verlangt.

Dennoch bin ich mir sicher, dass es sie nicht gibt, solche Schnelligkeit, Umstandslosigkeit, dass so etwas nur in Filmen, schlechten Romanen oder eben in Großstädten vorkommt, wo man Strich und Anmache, Vögeln, rasche, hemmungslose Beziehungen gewöhnt ist. Ich erinnere mich, einmal gesehen zu haben, wie einander Unbekannte sich näherten, nach einem Blickwechsel zusammen weggingen, das war in der Nähe vom Bahnhof Bordeaux-Saint-Jean, unweit eines Sexshops, ich war fünfzehn, das hatte mich schockiert, verwirrt, doch vor allem konnte ich es nicht glauben und sagte mir immer wieder: Ich muss mich täuschen, das ist meine Einbildung, man macht nicht mit dem Erstbesten, der vorbeikommt, die Tür hinter sich zu, ich musste das falsch deuten. Und so bin ich noch immer. Dermaßen keusch. Unvorstellbar.

Er steht auf, lässt für das Bier, das er kaum angerührt hat, fünf Francs auf dem Tisch. Er geht hinaus, ich ihm hinterher. Wir marschieren schweigend, er immer ein Stück vor mir, er eilt, mit zusammengezogenen Schultern, und nicht nur wegen der Kälte, seine Zigarette hat er wieder angezündet. Manchmal bleibe ich zurück, sehe seinen Rücken besser, ahne seine festen Muskeln, die milchweiße, von Leberflecken gesprenkelte Haut, ich muss einen Schritt zulegen, um aufzuholen.

Zu meiner großen Verblüffung kehren wir zum Gymnasium zurück, nur im letzten Moment biegen wir zur Turnhalle ab, die jetzt leer ist. Abgesperrt auch. Ich vermute es zumindest. Aber er hat alles geplant. Er geht um den Fertigbau herum, stemmt sich auf eine niedrige Mauer, erreicht ein kleines Fenster, drückt dagegen, es gibt nach, öffnet sich. Er schiebt sich hindurch. Ich frage mich, woher er diesen Zugang kennt, ob er es nicht das erste Mal tut. Ich folge ihm. Er streckt mir die Hand entgegen, damit ich hineinkann. Ich denke, dass es die erste Berührung ist, diese ausgestreckte Hand. Dass ich sie niemals zuvor gespürt hatte und es jetzt bei diesem Einbruch geschieht. Zarte Haut.

Kein Mensch weit und breit, es riecht nach Schweiß, übrig geblieben von der jugendlichen Anstrengungen, riecht nach den Ausdünstungen einer mehr als zweifelhaften Reinlichkeit. Auch unsere Schritte sind zu hören. Der Boden knarrt. In einer Ecke das Balllager. Thomas kennt seinen Weg, er leitet mich zu den Umkleideräumen, bis zu den Duschen.

Dort findet die Liebe statt.

Die Liebe, das sind Münder, die sich suchen, sich finden, Bisse in Lippen, ein wenig Blut, seine Bartstoppeln, die mein Kinn kratzen, seine Hände, die meinen Kiefer umfassen, auf dass ich ihm nicht entkomme.

Sein unordentliches Haar, durch das meine Finger gleiten, sein schlanker Nacken, meine Arme, die sich um ihn schlingen, ihn an mich drücken, um so nah wie möglich zu sein, keinen Raum zwischen uns zu lassen.

Oberkörper, die sich aneinanderschmiegen, dann streifen wir hastig ein Kleidungsstück nach dem anderen ab, den Strickpulli, das T-Shirt, damit unsere Haut sich berühren kann. Sein Oberkörper ist muskulös, unbehaart, mit flachen, dunklen Brustwarzen, meiner ist mager, noch nicht eingedrückt, wie er es nach der rabiaten Wiederbelebung durch einen Notarzt sein wird, der Oberkörper eines Kranken würde man meinen.

Wir streicheln wild über unsere Rücken. Ich spüre unter meinen Fingern, wie ich es vermutet hatte, die leichte Erhebung von Leberflecken.

Wir öffnen die Jeans. Ich entdecke sein kräftig geädertes, weißes prachtvolles Geschlecht. Ich bin hingerissen von seinem Glied. Jahre und viele Liebhaber wird es brauchen, ehe solches Verwundern wiederkehrt.

Liebe, das heißt Schwänze in den Mündern, eine bestimmte Geschicklichkeit trotz der Raserei. Sich bezwingen, um nicht abzuspritzen, trotz der unbändigen Erregung. Es ist die Hingabe, das irrsinnige Vertrauen in den anderen.

Ich ahne, dass es für ihn nicht das erste Mal ist. Seine Bewegungen sind zu sicher, zu gewandt, um nicht zuvor erprobt worden zu sein, mit einem anderen, mit einigen anderen vielleicht.

Und dann bittet er mich, ihn zu ficken, in ihn einzudringen. Er sagt die Worte ohne Scham, auch ohne weitere Anweisungen. Ich gehorche ihm. Ich habe Angst. Ich weiß, dass es wehtun kann. Dass es schmerzen kann, wenn der andere sich nicht auskennt. Dass die Öffnung widerstehen kann. Ich spucke auf meinen Schwanz, ich mache es ganz langsam.

Wir lieben uns ohne Kondom.

Aids ist bekannt, gewiss. Man benennt es nunmehr richtig. Es heißt nicht mehr Schwulenkrebs. Es existiert, aber wir halten uns für geschützt davor, wir wissen nichts vom großen Massensterben, das bald folgen, uns unsere besten Freunde, unsere früheren Geliebten rauben, uns zwingen wird, uns auf Friedhöfen zusammenzufinden, das die Namen in unseren Adressbüchern auslöscht, uns durch so viele Abschiede um den Verstand bringt. Es ist da, aber es macht uns noch keine Angst. Nicht zuletzt fühlen wir uns durch unsere schiere Jugend beschützt. Wir sind siebzehn. Man stirbt nicht mit siebzehn.

Schmerz wird zu Lust. Genuss kommt.

Und gleich danach eine Müdigkeit, eine immense Müdigkeit, in der wir stumpf, wortlos, betäubt verharren. Wir brauchen einige Minuten, um wieder bei Sinnen zu sein. Ohne einen Blick zu wechseln, etwas zu sagen, ziehen wir uns wieder an.

Gerne würde ich etwas wagen, das einer Liebkosung gleichkommt, aber ich bin gehemmt.

Wir verlassen die Turnhalle so, wie wir hineingekommen sind. Wir schlüpfen durchs Fenster und sind wieder draußen in der beißenden Winterluft.

Er sagt: Salut.

Und er geht davon. Er verschwindet.

Ich sollte mich selig fühlen. Oder fassungslos bleiben. Oder mich der Unbegreiflichkeit hingeben. Doch das Gefühl, das im Augenblick seines Verschwindens übermächtig wird, ist das der Verlassenheit. Vielleicht weil ich dieses Gefühl *schon* kenne.

Ein Jahrmarkt, jener, der einmal im Jahr zu Ostern auf dem Schlossplatz stattfindet. Karussells und sogar eines mit Holzpferden, Skooter, ein Schießstand, rosa und blaue Plüschtiere jeder Größe, die man gewinnen kann, ein Toboggan, Spielautomaten, ein Punchingball zum Kräftemessen, Buden mit Süßigkeiten, der Duft von Zuckerwatte und von Waffeln, Getränkestände für die Erwachsenen, ein Marktschreier, der unablässig in ein Mikrofon hineinruft, man wundert sich, woher er noch Stimme hat, ununterbrochen zu laute Musik, allerdings keine Clowns, Zauberer, die für eine Stadt wie Barbezieux wahrscheinlich zu teuer sind. Ich bin sieben. Meine Mutter hat mich mitgenommen. Ich habe es unbedingt gewollt. Bei uns gibt es keine Ablenkung, bis auf diese einmal im Jahr, zu Ostern. Meine Mutter hat nachgegeben. Ich bin das staunende Kind. Ich will dauernd aufs Karussell klettern, den Schwanz von Mickymaus schnappen, alle Attraktionen ausprobieren, ich bin anstrengend, ich merke nicht, wie erschöpft meine Mutter ist. Ich nehme auch nicht wahr, dass sie eine unserer Nachbarinnen erkennt, mit ihr ins Plaudern gerät, zu beschäftigt ist, um vom Liebesapfel zu probieren, den sie mir gekauft hat und den ich, gefesselt von den Skooterautos, ihrem Zusammenprallen, dem Geschrei und den Stromblitzen über dem Fahrfeld, verschlinge. Derartig benommen, dass ich mich von der dichten, sich durcheinanderschiebenden, fröhlichen Menge mitziehen lasse, die auf einen Winzling nicht achtet. Die Menge entfernt mich von meiner Mutter. Als ich es endlich bemerke, ist es zu spät, ich habe sie aus den Augen verloren. Da plötzlich fällt mir ein, wie erschöpft sie eben war und sagte: Du bist ein Quälgeist, und ich wiederhole die Worte: »Du bist ein Quälgeist.« In einem Sekundenbruchteil schließe ich daraus, dass sie sich entschlossen hat, mich hier loszuwerden, denn sie konnte nicht mehr, weil ich zu zappelig war, ich werde mir gewiss, dass sie sich davongemacht hat, dass ich sie nie wiedersehen werde, dass nun Schluss ist, dass ich für immer ein einsames Kind sein werde. Sofort fange ich an zu weinen oder zu schreien, ein herzzerreißendes Jammern, ich lasse meinen Liebesapfel auf den Asphalt fallen. Und ich laufe in die Richtung, wo ich sie das letzte Mal gesehen habe, sie ist dort nicht mehr, ich renne überallhin, ich stoße an die Knie von Erwachsenen. Ich lege wahrscheinlich nur wenige Meter zurück, aber in meiner Erinnerung ist es eine endlose, wüste, zermürbende Strecke, eine Prüfung, die mich in Fassungslosigkeit, Schrecken und bodenlose Trauer stürzt. Schließlich findet meine Mutter mich wieder, sie schüttelt mich und hält mir eine Strafpredigt, auch sie war erschrocken gewesen, kopflos geworden, als sie mich nicht mehr sehen konnte, sie hat überall nach mir gesucht, sie hat meinen Namen gerufen, und ich habe es nicht gehört, der Marktschreier mit dem Mikro, die überlaute Musik, das Lachen der Leute, sie schreit mich an, ich sei wirklich unmöglich, ich soll mich nicht entfernen, ihre Hand nicht loslassen, sie rüttelt mich noch heftiger, tut mir am Arm weh, ihre Angst zeigt sich, aber in diesem Alter weiß ich das nicht, ich spüre nur ihren Zorn, einen Zorn, der mich völlig benommen macht. Nur ein paar Augenblicke ist es her, dass ich mich als Waisenkind fühlte, und als meine Mutter wieder bei mir ist, hagelt es Vorwürfe. Ich werde keinen Rummel mehr mögen. Jeder wird für mich das Grauen der Verlassenheit sein.

Als Thomas an der Ecke der Straße des Gymnasiums verschwindet, bin ich wieder sieben Jahre alt.

Die folgenden Tage sind ein wahrer Albtraum.

Ich bin mir ziemlich sicher, dass der Geliebte nicht auf mich zukommen wird, da er absolutes Stillschweigen angeordnet hat. Die anderen Schüler würden es bestimmt seltsam finden, wenn er mich unerwartet grüßen, sogar nur von fern grüßen würde. Denn, ich sagte es, wir gehören unterschiedlichen Kreisen an, die sich nicht überschneiden können. Eine Verbindung, auch nur flüchtig, beiläufig, ist ganz einfach unvorstellbar. Keine Frage, nicht das geringste Risiko eingehen, das ist mir völlig klar.

Ganz klar, doch was kann ich dagegen tun, auf ein Zeichen zu hoffen, das nur wir verstehen, eine wie zufällig wirkende Berührung, einen Blick, den niemand bemerken würde, ein kurzes Lächeln? Ich träume von einem kurzen Lächeln.

Doch nichts. Gar nichts.

Unsichtbarkeit die meiste Zeit. Als käme er im letzten Moment ins Gymnasium, als verschwände er, sobald es läutet, als verließe er praktisch nie das Klassenzimmer. Und was die wenigen im Schulhof, in den Gängen zusammengeklaubten Augenblicke angeht: eine völlige Gleichgültigkeit. Schlimmer als Kälte. Ein aufmerksamer Beobachter würde sogar eine Feindseligkeit, den Willen, sich absichtlich fernzuhalten, wahrnehmen.

Diese Undurchdringlichkeit verletzt mich. Sie fördert Mutmaßungen.

Ich sage mir: Und wenn er es bereute? Ja, wenn für ihn alles nur eine Verrücktheit, ein tragischer Irrtum, eine abstruse Verirrung wäre? Er verhält sich, als wäre nichts geschehen oder als sollte alles vergessen und begraben sein. Es ist noch mehr als Vergessen: Es ähnelt einem Bestreiten. Ich erkenne nur noch das, mit einem Mal: das Leugnen. Ich begegne der Verneinung von allem, was uns zueinandertrieb; das Löschen des Bildes.

Um solcher Verdammung mit dem Anschein einer Exkommunikation zu entkommen, mildere ich ab: Er ist möglicherweise enttäuscht, ich entsprach nicht seinen Erwartungen, seiner Begierde. Ich wiederhole es mir, dem Offenkundigen zum Trotz: Das lässt sich ausbügeln, eine Enttäuschung, das bekommt man wieder hin. Ich bin so weit zu hoffen, eine zweite Chance erbitten zu können. Ich klammere mich an die Möglichkeit einer Wiedergutmachung.

Aber natürlich kommen mir meine Magerkeit, die Kurzsichtigkeit, die ganze Schwächlichkeit meines Körpers in den Sinn, der hässliche Strickpulli, die vermeintliche Überlegenheit, die trennt, so viele Mängel, so viele Fehler. Ich werde wieder zu dem, der ich war, der wichtigtuerische Junge und nicht der, der ihm gefällt. Ich sage mir, dass ich nur für die Dauer einer Umarmung in einem Umkleideraum gefallen habe. Dass es Trug war zu gefallen.

Ich lerne, wie Warten zersetzt. Weil man sich weigert, sich geschlagen zu geben, zu glauben, dass es kein Morgen gibt, nichts wiederkehren wird. Ich bilde mir ein, dass er mir ein Zeichen gibt, es anders völlig unmöglich ist, dass die Erinnerung an die verschmolzenen Körper seinen Widerstand brechen wird. Ich rede mir ein, dass es sich nicht nur um eine Geschichte der Körper handelt, sondern der Notwendigkeit. Dass man nicht gegen das Unabweisliche kämpft. Oder falls man kämpft, wird es am Ende siegen.

Ich erfahre, wie Entbehrung schmerzt. Das Entbehren seiner Haut, seines Glieds, von allem, das ich besessen und er mir wieder entzogen hat, was er mir zurückgeben muss, damit ich nicht wahnsinnig werde.

Später werde ich über Verzicht schreiben. Über den unerträglichen Verlust des anderen. Über die Not, die er hervorruft; eine Armut, die entkräftet. Ich werde über die nagende Trauer, den drohenden Wahnsinn schreiben. Das wird zum Grundgefüge meiner Bücher werden, fast gegen meinen Willen. Ich frage mich manchmal, ob ich sogar je über etwas anderes geschrieben habe. So, als hätte ich mich nie erholt von: *Der andere ist unerreichbar geworden.* Als wäre das gesamte Gemüt nur davon voll.

Der Tod vieler meiner Freunde, noch ganz jung, wird dieses Entbehren, diesen Schmerz verschlimmern. Ihr unzeitiges Entschwinden wird mich in Abgründe des Kummers und der Hilflosigkeit stürzen. Ich muss lernen, nach ihnen weiterzuleben. Und das Schreiben kann ein gutes Mittel zum Überleben sein. Und um die Verschwundenen nicht zu vergessen. Um weiter mit ihnen zu sprechen. Aber das Gefühl des Fehlens entspringt wahrscheinlich dieser ersten Abwesenheit, diesem närrischen Verbrennen an der Liebe.

Ich erfahre, dass Abwesenheit eine Dichte hat. Vielleicht die von dunklen Wassern eines Flusses, von denen man beschwören könnte, es sei Öl, in jedem Fall eine klebrige, schmutzige Flüssigkeit, in der man, wild um sich schlagend, versinken würde. Oder auch eine Tiefe, jene der Nacht, ein endloser Raum, in dem es keinerlei Pfad und Halt gibt, man nach einem Licht späht, auch nur einem Schimmer, etwas, woran man sich halten kann, das uns leitet. Aber die Abwesenheit, das ist zuerst die Stille, diese Umhüllung aus Stille, die auf den Schultern lastet, in der man zusammenschreckt, sobald ein unerwartetes, unkenntliches Geräusch oder Geflüster von draußen eindringt.

Um nicht vollends unterzugehen, habe ich nur dies gefunden: Ich erinnere mich an den Körper, an das weiße, geäderte Glied, die Leberflecken. Die herrliche Erinnerung rettet mich vor dem Untergang.

Neun Tage werden vergehen, bevor Thomas sich mir wieder nähert.

Neun Tage. Ich habe gezählt. Die Zahl hat sich mir eingeprägt.

Wir begegnen uns in einem von Winterregen – einem dieser Regen, die es mitten am Tag schon Nacht werden lässt – dunklen Gang. Genauer komme ich aus der Bibliothek, ich hatte mir noch ein Buch ausgeliehen, ich erinnere mich nicht an den Titel, war es *In Swanns Welt,* woran ich mich damals versuchte, erfolglos? Auf jeden Fall kein Gegenwartsroman, weil es die bei uns kaum gab, die Leute von der Nationalen Erziehungsbehörde meinten wohl, uns vor der Gegenwart schützen, uns in die Vergangenheit einsperren, uns zwingen zu müssen, unsere Klassiker zu kennen, uns auf dem Stand kleiner gelehrter Affen halten zu sollen. Ich verlasse also die Bibliothek, ich drücke das Buch fest an mich, bin noch auf diese Ausleihe konzentriert, und Thomas kommt mir entgegen, und ich bin entzückt, bin versteinert, ich sehe, wie er die Hand in die Gesäßtasche seiner Jeans schiebt, etwas herauszieht, einen Zettel, den er mir in der Hoffnung, dass es nicht auffällt, eilig in die Hand drückt, er geht weiter, ich sage mir, dass er seinen Vorstoß geplant und abgewartet hat, bis er mich unter günstigen Umständen trifft, um ihn auszuführen. Ich kann dieses Ausmaß an Vorsicht nicht fassen, in einem anderen Zusammenhang könnte ich ihn lächerlich finden, aber ich habe begriffen, dass er voller Angst, panisch ist, ich ahne, dass diese Angst so groß ist, weil es nicht nur darum geht, entdeckt zu werden, sondern weil es eine Angst um sich selbst ist, die Angst davor, *wer er ist.*

Ich warte, bis das Ballett aus Kommen und Gehen im Gang vorbei ist, wieder Leere herrscht, bin bereit, zu spät im Kurs, in den ich muss, zu erscheinen, und ich falte das Stück Papier auseinander. Darauf nur ein Ort, eine Uhrzeit (weiter nichts, kein Vorname, keine Unterschrift, keine Freundlichkeit, nichts Erwartungsvolles, damit ist alles auf das Notwendige beschränkt, ist das Gefühl geleugnet, so kann der Zettel niemals als Beweismittel verwendet werden). Wir treffen uns wieder.

Er hat ein kleines Häuschen neben dem Fußballplatz ausgesucht, in dem Bälle, Sportsachen, verschiedenes Zubehör untergebracht sind. Der Platz ist verwaist, ohnehin regnet es so heftig, dass er unbenutzbar wäre, ich laufe durch die Sintflut, der Matsch klebt am Saum meiner Hosenbeine. Als ich in die Nähe des Häuschens gelange, sehe ich, dass die Tür angelehnt ist. Drinnen wartet Thomas auf mich, seine Kleidung ist durchnässt, Wasser trieft aus seinem Haar, rinnt über seine Wangen, er ist gerade angekommen. Ich frage ihn, wie er das gemacht, wie er die Tür aufbekommen hat. Er kann ihren Schlüssel nicht haben, und solche Nebengebäude sind meist abgesperrt, damit nichts Verstautes gestohlen wird. Er lässt mich wissen, dass kein Schloss ihm widersteht, er das seit Kindesbeinen macht, Schlösser knacken, dass sein Vater, seine Cousins ihren Spaß daran haben, eine enorme Geschicklichkeit, und er nach dem Sonntagsessen sogar regelmäßig gefragt wird, diesen Hokuspokus vorzuführen, er sei ein bisschen Zauberer.

Mir wird bewusst, dass dies nun unsere erste Unterhaltung ist. Bisher hat er als Einziger gesprochen. Im Café, bei den Säufern, den Wettbegeisterten habe ich kaum ein Wort gesagt. Danach in der Turnhalle war nichts als Sex. Jetzt, hier, sprechen wir darüber: Wie knackt man Schlösser, eine Begabung, die er an sich entdeckt, perfektioniert hat, durch die er Lob und Zuspruch erntet. Ich lächele, als er die Geschichte erzählt. Es ist auch das erste Mal, dass ich ihn anlächele. Er lächelt zurück. Mir kommt es so vor, dass daraus eine genauso starke Nähe entsteht wie beim Liebkosen der Haut, als wir uns aneinanderdrückten.

Aus seinem Haar, das ihm auf der Stirn klebt, tröpfelt noch immer Wasser, er ist von betörender Schönheit. Er hockt sich auf eine Matte. Ich mache es ihm nach.

Ich sage nicht: Warum hast du so lange mit einem Zeichen gewartet? Hast du gezögert? Wolltest du mich nicht mehr treffen, bevor du deine Meinung geändert hast? Ich weiß aus tiefstem Grunde, dass ich ihm nie die kleinste Frage stellen, ihn niemals um eine Erklärung bitten darf. Das zu wissen, ist niederschmetternd.

Ich sage nicht: Du hast mir gefehlt. Ich weiß, dass ich mich schon gar nicht sentimental zeigen darf, er jeden Gefühlsausbruch abscheulich fände.

Ich rede über Türschlösser. Und ich erkenne darin kein Gleichnis. Einfach deshalb, weil es keines ist.

Dann wird es still. Hinter Scheu und Verlangen blicken wir plötzlich anders. Wir küssen uns; Menschenfresserküsse.

Nachdem die Begierde befriedigt, die Lust gestillt, der Samen vergossen ist, die Körper zur Ruhe kommen, denke ich, dass es wie beim vorherigen Mal in der Turnhalle sein wird: schweigen, den Kopf abwenden, Unbehagen, eilige Trennung. Aber er hat anders entschieden. Er sagt, es regne noch zu stark, dass wir besser warten, dass niemand kommen wird. Ich verstehe, dass er sich aussprechen will.

Er sagt, er wohne in Lagarde-sur-le-Né. Ich kenne dieses Dorf, meine Großmutter ist dort gestorben. Ich sage Dorf, ich sollte eher Weiler sagen, es gibt eigentlich keinen richtigen Ort, man stößt auf verstreute Gehöfte, die Gemeinde liegt an einer Departementstraße, auf ebendieser Straße wurde meine Großmutter überfahren. In der Dämmerung, der Zeit, die »Schummerstunde« genannt wird, überquerte sie hinter meinem Großvater die Straße, ich weiß nicht mehr, was sie beide dort wollten, man wird es mir gesagt haben, aber ich habe es vergessen, vielleicht wollten sie Bekannte besuchen, die dort wohnten, sie hatten ihr Auto am Straßenrand abgestellt, sie mussten hinüber, er ging wie immer voran, sie hat einen kleinen Laster nicht kommen hören, der Aufprall war nicht brachial, doch heftig genug, dass sie ihren Verletzungen erlag.

Mein Großvater hat den Unfall nicht gesehen, er geschah in seinem Rücken, er hörte das Bremsen, den Zusammenstoß, als er sich umdrehte, lag der Körper auf der Chaussee, der Kopf war auf den Asphalt geschlagen, wahrscheinlich war das Schädel-Hirn-Trauma entscheidend. Meine Großmutter war noch keine sechzig, ich war ganz klein, als sie von uns ging. Ich erinnere mich nicht an sie, nur undeutlich sehe ich eine grauhaarige Frau, die hinter einer verglasten Tür steht, doch das Bild ist wahrscheinlich zusammengefügt, hat es vielleicht nie so gegeben. Ich kenne die Geschichte, weil sie mir erzählt wurde, weil man über diese Achtlosigkeit jammerte, dieses Pech aus eigener Schuld, Sterben auf einer Straße, wo nie jemand kommt, das schwindende Tageslicht war schuld, man wiederholte: Eine Minute früher oder später, und nichts wäre passiert, ich erinnere mich an diesen Ausdruck »eine Minute früher oder später«.

Ohne etwas von diesem Drama zu wissen, sagte mir Patrice Chéreau Jahre später: Leute, die überfahren werden, machen es, manchmal, absichtlich, sie werfen sich vor die Räder. Das treffe insbesondere zu, wenn die Unfälle unbegreiflich erscheinen, wenn alle behaupten, sie hätten vermieden werden können. Eine seiner Figuren lässt er in *Ruhelos,* seinem letzten Film, sogar Ähnliches äußern. Sie sagt: Das wird alle an einen Unfall glauben lassen, das sei weniger bedrückend als Selbstmord.

Ich habe mich gefragt, ob meine Großmutter sich umzubringen vermochte. Ich weiß es nicht. Ich glaube, dass es mir im Grunde ziemlich gefiele, wenn sie sich getötet hätte, es wäre die einzige Tat als freie Frau in ihrem ganzen Leben, ihr einziges Aufbegehren, sie, die ihre Zeit mit Kinderkriegen, sieben in zwanzig Jahren, deren Aufziehen zugebracht hat und im Schatten eines flatterhaften und vergnügungsfrohen Ehemanns verkümmern sollte.

Thomas Andrieu wohnt also in diesem Dorf, dessen Name gleichbedeutend mit Tod ist.

Er lebt auf einem Gehöft. Seine Eltern sind Bauern, die ein bisschen Land besitzen, bescheidene Leute, die den Ertrag ihres Weinbergs an die Cognac-Brennereien verkaufen. Er korrigiert sich: Anstatt eines Weinbergs handele es sich um ein Grundstück mit niedrigen Mauern um Reihen von Weinstöcken.

Ich möchte ihn unterbrechen, um ihm mitzuteilen, dass ich weiß, was er meint. In meiner Kindheit befanden sich vor der Schule, auf der gegenüberliegenden Straßenseite gleichfalls abschüssige Weinfelder mit knorrigen Rebstöcken, knorpelig wie Fabeltiere. Mit sieben oder acht Jahren bat ich darum, bei der Lese helfen zu dürfen. Da ich der Lehrersohn bin, wird mir erklärt, dass sich das für mich nicht gehöre, schließlich gibt man mir nach, wie man einer Laune, einer Schrulle nachgibt. Ich werde zu Nachbarn geschickt, die Cognac herstellen. Schaut euch dieses ordentlich gekämmte Kind an, wie es »Trauben pflückt«, die Blätter anhebt, eine Handvoll Trauben abzwackt, sie in einen Eimer wirft, viel zu behutsam, wie in Zeitlupe, ihm ist nicht klar, dass man ihm einen Gefallen tut, ihn duldet, obgleich es wirkliche Arbeit ist, eine harte, sehr harte sogar, die Geschick, flinke Finger, Ausdauer verlangt. Um mich herum Spanier: Man lässt sie für die drei, vier Wochen der Lese kommen; billige, gefügige Arbeitskräfte, die aus Bilbao oder aus Sevilla eingetroffen sind. Ich mag die Spanier, sie sind munter, ihre Haut ist gegerbt, ich verstehe nichts, wenn sie reden, abends kehren sie zu einem Lagerplatz zurück, wo sie ihre Wohnwagen in den Feldern abgestellt haben, sie werden zweifellos ausgebeutet, aber beklagen sich nicht; durch ihrer Hände Arbeit wird ein berühmter Branntwein produziert, ein sehr teurer Edelbrand, der in die ganz Welt exportiert, in Japan, China genossen wird, sie werden nur ihren Lohn sehen. Wenn der Tag zu Ende geht, bin ich das lustige Kind, das mit bloßen Füßen und Beinen ins Fass gehievt wird, um Trauben zu stampfen, die Kerne zu zertreten. Wenn die Ernte vorbei ist, sitzen wir allesamt um einen endlosen Tisch versammelt, alle durcheinander, lautes Palaver, Trinken, Scherze, jemand greift zur Gitarre, bevor man bis zum nächsten Herbst oder auf Nimmerwiedersehen auseinandergeht. Mir tut der Abschied furchtbar weh. Später dann setze ich mich in die Brennerei, vor die Destillierapparate, die Kupferrohre, warte, dass der Dampf aufsteigt, entweicht, »Anteil der Engel« heißt er. Ich bin das Kind, das auf den Anteil der Engel lauert. Meinen Vater freut es, dass sein Sohn diesem Ritual beiwohnt, aber er hat gesagt und wiederholt, dass all das, Grundstück, Felder, ein Handwerk, nicht in Betracht kommt. Ich werde kein Proletarier, kommt nicht infrage. So schweige ich denn, als Thomas vom Wein spricht.

Er sagt, dass sie auch Kühe halten. Dass sie einiges Vieh besitzen.

Diesmal melde ich mich zu Wort, um kundzutun, dass ich das kann, Kühe melken. In unserem Dorf gibt es einen Stall, wo wir jeden zweiten Abend frische Milch (fast noch euterwarm) kaufen. Es fasziniert mich, wie die Bäuerin die Milch aus dem Euter knetet. Rasch frage ich, ob ich es nachmachen darf, sage: Zeig mir. Sie bringt mir die Bewegungen bei. Ich bin begabt. Für mich ist es wie ein Spiel. Und ich habe keine Angst vor Kühen, keine Angst, dass sie mir einen Huftritt verpassen, mit dem Schwanz schlagen, sie müssen fühlen, dass ich keine Angst habe, sie lassen mich machen. Wenn ich heute diese Geschichte erzähle, glaubt mir niemand. Als ich S. sage, dass ich diese erstaunliche Fähigkeit besitze, ist er überzeugt, dass ich mich wichtigmachen will und es erfinde. Geschieht mir recht. Die Kehrseite des üblichen Fabulierens.

Sofort lacht Thomas los, auch er. Er kann sich nicht vorstellen, wie ich auf einem kleinen Schemel hocke, meine Finger paarweise die Zitzen kneten. Das ärgert mich. Er sagt, dass ich nicht der Typ bin, unmöglich. Ich sei der mit den Büchern und dem Drumherum.

Das ist wichtig: Er sieht mich auf eine bestimmte Weise und wird davon nicht abweichen. Liebe war nur deshalb möglich, weil er mich nicht so sah, wie ich war, sondern wie ich werden sollte.

Der Regen trommelt weiter auf das Blechdach der Hütte. Wir sind allein auf der Welt. Ich habe niemals Regen so wunderbar gefunden.

Er sagt, dass er den Bauernhof, die Erde liebt. Aber dass er etwas anderes machen möchte. Ich erwidere, er *werde* etwas anderes machen, denn er habe eine Schule besucht, die es ihm, einmal das Abi in der Tasche, erlaubt, er werde Medizin, Pharmazie oder was er wolle, angehen können. Er sagt, es ist nicht sicher, ob das machbar sei, weil er der einzige Sohn sei, er habe zwei Schwestern, und dass der Hof sterben werde, wenn er ihn nicht übernimmt. Mich ärgert das, ich sage, die Zeiten sind vorbei, dass wir nicht mehr in den Fünfzigerjahren leben, Söhne treten nicht zwangsläufig in die Fußstapfen ihrer Väter, es gebe kein Erbbauerntum mehr, die Landwirtschaft sei ohnehin dem Untergang geweiht, eine Sackgasse, ich sage, er soll an seine Zukunft denken. Sein Gesicht verschließt sich. Er sagt, er möchte nicht, dass ich so rede.

Der Regen lässt nach. Er steht auf, um durch eine Ritze hinauszuschauen, matschiger, fast grauer Rasen, verwaschene Markierungen, rostige Torpfosten, durchhängende, von Windstößen geschüttelte Netze, leere Ränge; diese Trostlosigkeit. Er hat nur seine Jeans wieder angezogen. Sein Oberkörper ist noch nackt, trotz der Kälte. Nun stehe ich auf, drücke mich an seinen Rücken, fasse um sein Becken, ich spüre eine Anspannung, ihm ist diese Zärtlichkeit zuwider. Ich sage: Damit du nicht so frierst.

Er löst sich langsam aus meiner Umarmung, schnappt sein T-Shirt und seinen Pulli, zieht sie über.

Offenkundig ist er über meine Äußerungen noch immer zornig: den Vater töten, den angestammten Boden verlassen. Er scheint zu denken, ich hätte gar keine Ahnung. Auch zu denken, ob ich ermesse, wie brutal das wäre. Er ärgert sich über meine Unbekümmertheit.

Er sagt, für mich sei alles einfach, dass alles prima verlaufen, ich über die Runden kommen werde, das steht geschrieben, da müsse sich keiner Sorgen machen, ich sei wie geschaffen für diese Welt, sie empfange mich mit offenen Armen. Doch bei ihm sei es so, als gäbe es eine Schranke, eine unüberwindliche Mauer, gerade so, als würde das Verbotene vorherrschen.

Einige Male wird er diese Frage des Verbotenen ansprechen, ich werde versuchen, ihm zu beweisen, dass er sich irrt. Vergebens.

Der Regen hat aufgehört. Und sofort fühlen wir uns weniger geschützt, von den anderen nicht mehr so abgetrennt, es will uns scheinen, als könnte jemand kommen. Ich bemerke seine Furcht, wie sein Bein zittert, Unruhe in seinem Gesicht. Wir müssen jetzt aufbrechen, diesen Ort verlassen, zwingend. Vor dem Öffnen der Tür frage ich, traue ich mich zu fragen: Sehen wir uns bald wieder?

Nicht das leiseste Zögern.

Er sagt, ja, natürlich.

Ich höre dieses »natürlich«, das den Anfang einer Geschichte bedeutet, dass nichts zurückgedreht, dass alles weitergehen wird. Ich könnte weinen. Zu rührselig, ich weiß.

Ich sage: Also wenn du willst, das nächste Mal, werden wir uns bei mir treffen. Er kann seine Überraschung und sogar seinen Unwillen nicht verbergen. Mehrere Vermutungen geistern mir durch den Kopf – er bevorzugt ungewöhnliche, schräge Örtlichkeiten, ein Schlafzimmer, das ist das Übliche, vorhersehbar, spießig; er zieht neutrales Terrain vor, auf dem wir von Gleich zu Gleich sind, ein Heimspiel beim Gegner beginnt man im Nachteil; er ist sich nicht sicher, den persönlichsten Ort kennenlernen zu wollen, das bedeutet eine weitere Stufe der Verstrickung.

Ich denke, dass der einzige brauchbare Einwand gegen seine Voreingenommenheit handfest, konkret und beinahe trivial sein muss. Ich sage: Meine Eltern arbeiten, sie sind nie da, wir werden nicht gestört.

Ich baue auf seinen Schrecken, entlarvt zu werden. Er antwortet, einverstanden, er werde kommen.

Der Tag wird festgelegt. Eine Uhrzeit.

Er befiehlt mir, als Erster die Hütte zu verlassen, er wird einige Minuten warten, zusperren, er hält sich ein bisschen im Hintergrund, vielleicht damit ich ihn nicht umarme, es zu keinem Gefühlserguss, vor allem zu keiner Liebkosung kommt.

All die Zeit unserer Beziehung wird er sich vor Zärtlichkeiten hüten.

Und weil ich gerade daran denke: Kein einziges Mal wird er mich zu sich einladen. Ich werde das Gehöft, den Wein, der es umgibt, die weidenden Tiere nicht sehen. Ich werde im Inneren die blanken Fliesen, die verputzten Wände, die dunklen und niedrigen Räume, die schweren Möbel nicht sehen (ich erfinde, Sie haben schon verstanden?, ich erfinde, eben weil ich nicht sah). Ich werde seine Eltern nicht kennenlernen, auch nicht von Weitem, kein Blickwechsel, kein Händeschütteln, nein; ich vermute, dass er mich ohnehin nie erwähnt hat, nicht einmal aus Versehen (ihm passiert nichts versehentlich). Dabei hätte ich *gerne gewusst, wie sie sind.* Ich hätte ihn nicht verraten, natürlich nicht. Ich hätte guter Kamerad gespielt. Ich kann alle Rollen spielen. Ich allein werde mich eines Tages auf eigene Faust nach Lagarde, ins Dorf aufmachen, ein Tag, von dem ich weiß, dass er nicht dort sein wird, ich, der dort auszukundschaften versuchen wird, um welches Haus es sich handeln könnte, welche Familie. Beinahe werde ich sogar einen Greis, der auf der Bank vor der Kirche sitzt, ausfragen, aber weil mich meine Unverfrorenheit plötzlich geniert, werde ich es sein lassen. Ich werde wieder zurückfahren.

Am vereinbarten Tag, kurz bevor Thomas an der Haustür klingelt, bin ich sehr aufgeregt. Ich habe mich zweimal rasiert, obwohl fast kein Bart sprießt, ich habe mich geschnitten, auf der linken Wange unten klebt ein Pflaster, ich habe ein bisschen Alaunstift darübergerieben, doch das hat nicht geholfen, ich halte mich für entstellt. Auch Parfüm habe ich benutzt, sonst nicht meine Gewohnheit, ich stinke, es ist das Duftwasser meines Vaters, ein Tiergeruch, kein pflanzlicher, aus dem Moschus hervorsticht, der Gestank will nicht verfliegen. Ich trage dunkle Kleidung, ich rede mir ein, dass er das mag. Ich habe mich mehrfach umgezogen. Ah, ich habe auch die Stunden, die Minuten vor seinem Kommen gezählt und aus dem Fenster gespäht, hinter den Vorhängen, damit er es nicht merkt. Ich habe bedauert, nicht zu rauchen, eine Zigarette hätte mir gutgetan, die Leute behaupten, das beruhigt.

Als er hereinkommt, bemerkt er meine Unruhe nicht, auch nichts von meinen Vorbereitungen, nur das Haus interessiert ihn, in dem er wie auf einem Minenfeld geht. Er sagt nichts zur Größe, dazu, wie hell es ist, zur Einrichtung, er sagt nur, dass es viele Bücher gibt, mehr Bücher, als er je gesehen hat, er verlangt, in mein Zimmer zu gehen, will keine Zeit verlieren.

Das Zimmer ist ziemlich geräumig, in der Mitte ist eine halbe Trennwand zwischen Schlafplatz und Arbeitsecke. Es läuft in einer Dachschräge aus, die Fenster sind klein. Ein cremefarbener Teppichboden, der von einigen Flecken, die vermutlich von Schmutzresten an den Schuhen stammen, besprenkelt ist. An den Wänden Poster von Jean-Jacques Goldman. Er sieht mich mit zusammengezogenen Augenbrauen an und scheint mich komisch zu finden. Goldman, behauptet er, ist Singsang für Mädchen. Verärgert antworte ich ihm, er irre sich, dass er aufmerksam den Texten zuhören müsse, besonders bei diesem Chanson mit dem Titel »Veiller tard«, in dem er von *den eingeschlossenen Worten* singt, *die man nicht sagen konnte, diesen beharrlichen Blicken, die unverstanden blieben, den unmissverständlichen Zeichen, dem späten Licht, der bohrenden Reue, die sich der Nacht ausliefert.* Er sagt, die Texte seien völlig unwichtig, dass nur die Musik zählt und die Kraft, die aus ihr kommt. Er hört Téléphone. Ich entgegne ihm nicht, dass auch die Texte von Téléphone ihre Bedeutung haben, er würde behaupten, ich würde ihn belehren wollen. Und für ihn bin ich, in diesem Moment, eine unheilbare Tunte.

Wenn ich es damals gewusst hätte, hätte ich ihm sagen können, dass die Duras ganz vernarrt in *Capri, c'est fini* war. In *Yann Andréa Steiner* schreibt sie übrigens: *Ja. Der Tag wird kommen, ein Tag, an dem Sie grausam bedauern werden, was Sie für »nicht lebbar« hielten, das heißt, was Sie und ich in jenem windigen und regnerischen Sommer 80 versucht haben.*

Manchmal geschieht es am Meer. Wenn der Strand sich leert, die Nacht anbricht. Nachdem die Kinderscharen davon sind. Über den gesamten Strand heult es plötzlich, dass Capri vorbei ist. Dass es die Stadt unserer ersten Liebe *war, doch nun ist es vorbei.* C'est fini. *Wie schrecklich plötzlich. Schrecklich. Es ist immer zum Weinen, zum Davonlaufen, zum Sterben, weil Capri sich mit der Erde fortgedreht hat, in die versäumte Liebe.*

Ich hätte ihm auch erzählen können, was François Truffaut seine Hauptfigur, die von Fanny Ardant gespielt wird, in *Die Frau von nebenan* sagen lässt, zumal ich den Film gerade gesehen hatte: »Ich höre nur Chansons, weil sie die Wahrheit sagen. Je dümmer sie sind, desto wahrer sind sie. Übrigens sind sie nicht dumm. Was sagen sie? Sie sagen: *Verlass mich nicht … Als du fort warst, zerbrach mein Leben,* oder *Ohne dich bin ich ein leeres Haus … Lass mich der Schatten deines Schattens werden,* oder auch *Ohne Liebe ist man gar nichts …*«

Darauf antwortet ihr Depardieu: »Gut, Mathilde, ich muss jetzt los.«

Denselben Wunsch, auf anderes zu kommen, dieselbe müde Geringschätzung spüre ich, als Thomas meinen musikalischen Geschmack kommentiert. Er wird munterer, als er meine Bücher ins Auge fasst, die Masse aufgereihter oder gestapelter Bücher. Schlagartig kehrt eine Art von Bewunderung zurück. Aber ein schmerzliches Bewundern. Was ihm bei mir gefällt, ist das, was mich von ihm entfernt.

Er sagt, dass er mir einen blasen will, sofort, man würde schwören, dass dieses Verlangen soeben erst aufgetaucht ist, es nicht schon früher rumort hat, es sich nicht in all den Tagen ohne mich aufgestaut hat, nein, es bricht hervor, meldet sich, eine Sekunde zuvor war es nicht da. Ich werfe mich aufs Bett, öffne meine Jeans, ziehe meine Unterhose herunter, er würde sie vielleicht zerreißen, was eine Szene aus einem Heteroporno ist, das Mädchen, dem die Baumwollshorts heruntergerissen werden, ich lasse mit mir machen, mein Schwanz wächst in seinem Mund. Zuerst traue ich mich nicht hinzuschauen, während er mich bläst, ich rede mir ein, dass er es nicht ertragen wird, bei einer solchen Sache angeschaut zu werden, ich sage mir auch, dass alles in seinem Sinn geschehen muss, auch entsprechend seinen Hemmungen. Und schließlich, langsam, hebe ich meinen Kopf, stütze mich auf meine Ellbogen, und ich betrachte ihn, kann seine Gier kaum glauben, man würde meinen, ein verhungerndes Kind, das an seinem Futter ersticken möchte. Ich weiß nicht, aus welchen Tiefen diese Gier nach einem Männerschwanz bei ihm rührt, ich schätze, dass Verdrängen, Selbstbeherrschung solchem Furor vorausgegangen sind.

Einige Wochen lang werde ich mich fragen, ob er mich nur deshalb ausgewählt hat, weil ich verfügbar, weil ich das ideale Vehikel war, um seine unterdrückte Begierde zu stillen, und weil er keinen anderen als mich ausfindig gemacht hatte. Ich wiederholte mir: Im Grunde bin ich für ihn nur der Junge, mit dem er vögelt, weiter nichts, zusammengeschrumpft auf einen Körper, einen Schwanz, eine Funktion.

Was enthemmten Sex angeht, bleibt, bevor ich es vergesse, zu erwähnen: Viele Jahre später werde ich oft Pornodarstellern begegnen, werde sogar etliche Monate mit einem von ihnen zusammenwohnen, in Kalifornien, dem Mekka dieses Gewerbes. Ich werde zu den Drehs gehen, erleben, wie sie sich in Fahrt bringen, Lust aufeinander, Raufen, gemeinsamen Rhythmus spielen, für ein Foto reglos werden, als wäre nichts gewesen, wieder zum Schein stöhnen, ich werde diesen Jungen nahekommen, die für ein paar Hundert Dollar pro Woche Liebe machen. Ich werde erfahren, dass einige damit ihr Leben bestreiten, und für sie handelt es sich um einen Beruf wie jeden anderen, sie schlagen sich durch mit dem, was die Natur ihnen geschenkt hat. Andere sind Kriegsmaschinen, sie verbringen mit dem einzigen Ziel, sich einen perfekten Körper anzutrainieren oder, genauer, einen Körper, welcher der Norm dieses Geschäfts entspricht, täglich Stunden im Sportstudio, sie spritzen sich Steroide, ihre Schultern sind rotfleckig, sie lassen ihr Geld im Sonnenstudio, vor der Kamera liefern sie sich Wettkämpfe. Wieder anderen macht es Spaß, immer neue Partner zu haben, sich bei den Aufnahmen auszutoben, an manchen Tagen erliegen sie sogar dem Reiz ihres Mitspielers, was die Filmszene vielleicht umso glaubwürdiger macht. Alles dreht sich bei ihnen um den Körper. Alle beteuern, dass Sex für sie lebenswichtig, eine Droge ist. Allesamt oder fast alle sind sie liebenswert.

Thomas zieht sich aus, lässt seine Sachen da und dort im Zimmer liegen, nun will er nackt sein, und Haut soll Haut berühren (er hat keinerlei Problem mit Nacktheit, er bringt mir bei, auch meine weniger zu fürchten). Er streichelt mich, seine Hände kennen sich aus, er weiß, was zu tun ist. Er beißt meine Hüften, meinen Oberkörper. Er stöhnt. Ich höre sein

Stöhnen, das er nicht zurückhalten kann, das sich, ohne dass er es vielleicht weiß, aus ihm befreit: Er erregt mich bis ins Mark. Ich habe es geschrieben und glaube: Nichts erregt mich mehr als diese Augenblicke der Hingabe, das Selbstvergessen.

Er legt sich auf den Bauch, damit ich in ihn eindringe, wölbt leicht den Körper. Ich sehe den Flaum seines Gesäßes. Ich lecke langsam darüber, er ächzt wieder, zittert auch, ich sehe die Gänsehaut seines Hinterns. Ich dringe in ihn ein. Vor meinen Augen ein Poster von Goldman, um mich herum die Zimmereinrichtung eines Heranwachsenden, eines Halbwüchsigen, den ich soeben töte.

Danach fängt er wieder an zu reden. Man möchte schwören, ein Ventil öffnet sich. In Wirklichkeit erzählt er nicht viel. In seiner Familie werden die Mahlzeiten schweigsam eingenommen, die Abende sind kurz, müde muss man zeitig ins Bett. Im Gymnasium lässt er die anderen ihre Geschichten erzählen, ich hab's gut beobachtet, er hält sich immer ein bisschen im Hintergrund, zieht an seiner Zigarette, die anderen reden, oft bemüht er sich nicht einmal um den Anschein, ihnen zuzuhören. Ich entsinne mich, dass mir genau das an ihm gefallen hat, die sichtliche Verschlossenheit, Absonderung. Mir gegenüber gestattet er sich das eine oder andere Wort. Doch vielleicht tut es für sich selbst, so, wie man eine Flaschenpost ins Meer wirft, ein geheimes Tagebuch führt oder nach Art des Königs Midas: weil er zu viel für sich behalten müsste.

Er spricht von den *kleinen Schwestern*. Nathalie und Sandrine. Sechzehn und elf.

Er sagt, dass Nathalie anderthalb Jahre jünger ist als er, dass ein zweites Kind bald nach dem ersten *logisch* war, sie ihm aber überhaupt nicht ähnelt, eher ihrem Vater, helle Augen hat; vom Vater hat sie auch die Energie.

Ich sage: Du bist also eher nach deiner Mutter geraten? Er sagt, er habe ihre dunklen Augen, ja. Er fügt hinzu: etwas von einem Ausländer. Ich verstehe den Satz nicht. Ich verlange keine Erklärung. Ich vermute, dass sie kommen werden, die Erklärungen. Nathalie ist vom Gymnasium abgegangen, um sich in einer Fachschule, in der sie auch wohnt, zur Sekretärin ausbilden zu lassen, sie kommt freitagabends, hilft am Wochenende auf dem Hof, wo immer Arbeit anfällt.

Er sagt, dass sie sich nicht wirklich gut verstehen, sie und er, keine innere Beziehung haben; er hält sie für zu praktisch, zu direkt, zu besserwisserisch für ihr Alter.

Dagegen liebt er Sandrine, die kleine Letztgeborene, eine Spätgeburt; ein Unglück. Sein Gesicht strahlt, wenn er sie erwähnt. Doch ihre Geburt bedeutete für die Eltern eine Katastrophe. Die Ärzte haben ihr Urteil sofort gefällt: Sie ist nicht normal, wird es niemals werden. Ultraschall existierte damals nicht, es war nicht möglich gewesen, irgendetwas zu entdecken. Die Anomalie ließ sie sich nicht weiterentwickeln. Sandrine wird ihr Leben lang Kind bleiben. Sein Vater weiß nicht, wie damit umgehen, Nathalie ist nicht immer nett, ihr reißt angesichts der unbeholfenen Kleinen rasch der Geduldsfaden. Was die Mutter angeht, so schweigt sie, doch wird ihren Kummer nicht los, seitdem das zurückgebliebene Kind da ist.

Er ist der Älteste, der einzige Sohn, er gibt zu verstehen, dass dies eine besondere Verantwortung mit sich bringt.

Ich bin der Jüngste. Mein Bruder absolviert glänzend sein Studium, demnächst wird er seine Dissertation beenden, sogar mit Belobigungen des Prüfungsausschusses höchst respektabler Doktor der Mathematik werden, sich für die Forschung entscheiden, in für den Laien unverständlichen internationalen Fachzeitschriften Beiträge veröffentlichen, Vorträge in der ganzen Welt halten. Stellen Sie sich vor, was es heißt, nach ihm zu kommen. Der Vergleich fällt für mich regelmäßig ungünstig aus. Genau deswegen erkläre ich Thomas, dass der Werdegang, den er mir prophezeit, verglichen mit dem des Älteren, nur zweite Wahl ist. Er behauptet, ich täusche mich.

Ich erzähle noch, dass ich beinahe einen kleinen Bruder gehabt hätte: Sieben Jahre nach meiner Geburt wurde meine Mutter schwanger, doch die Schwangerschaft kam nicht zum Ende, eine zu späte Fehlgeburt, fast im sechsten Monat, ausgeblutet und verzweifelt überstand meine Mutter diese Heimsuchung, obgleich sie es nie mit einem Wort erwähnt hat (nein, mit keinem – eine mustergültige Disziplin). Er hätte Jérôme oder Nicolas heißen sollen. Oft denke ich an diesen Bruder, den ich niemals hatte.

Thomas sagt: Du siehst, wir gehören unterschiedlichen Welten an. *Welten, die nichts miteinander zu tun haben.*

Ich komme auf seine Mutter zurück, sie ist es, die mich interessiert. Sofort erzählt er mir, dass sie Spanierin ist. Vor zwanzig Jahren kam sie nach Frankreich, mit ihren Brüdern, auf einem Bauernhof fand sich Arbeit für sie, nichts von Exil wegen des Franco-Regimes in dieser Geschichte, von Flucht vor der Einheitspartei, Zensur, den Sondergerichten, vor der Gewaltherrschaft, nein, nur ein junges Mädchen, das wusste, jenseits der Grenze gibt es Arbeit, sie hat Paul Andrieu kennengelernt, fünfundzwanzig Jahre alt, alles irrsinnig schnell, die Brüder sind schließlich heimgekehrt, sie ist geblieben.

Ich frage: Woher aus Spanien? Er wischt meine Frage mit der Hand beiseite, versichert, ich kann es nicht kennen. Da ich nicht lockerlasse, sagt er es denn doch. Vilalba. Ich sage: Ja, das liegt in Galicien, in der Provinz Lugo. Er staunt: Woher weißt du das? Ich sage: Es liegt am Jakobsweg. Er fragt, ob ich den schon gegangen sei. Ich sage, nein, nie, warum sollte ich, bin nicht der Typ fürs Pilgern, aber dass ich es in einem Buch gelesen hätte, mir gemerkt habe. Er lacht über mich, sagt: Ich wusste, du bist so einer, der alles aus Büchern kennt. Beklommen fügt er an: Aber das Schlimmste ist, da bin ich mir fast sicher, dass du, wenn jemand uns beide fragen würde, besser darüber erzählen könntest als ich.

Einmal Schriftsteller geworden, werde ich über Orte schreiben, die ich nie betreten habe, deren Namen ich einfach auf der Karte gelesen habe und deren Klang mich betörte. *Ein Augenblick allein* spielt zum Beispiel in Falmouth, Cornwall, wohin ich nie den Fuß gesetzt habe. Leute, die es gelesen haben, glauben trotzdem, ich würde den Ort wie meine Westentasche kennen. Einige behaupteten sogar, die Stadt entspreche *exakt* meiner Beschreibung, ganz verblüffend, solche Genauigkeit. Ich erkläre ihnen meist, dass das Wahrscheinliche wichtiger ist als das Wahre, das Stimmige mehr zählt als das Präzise und, vor allem, dass ein Ort nicht aus Ortskunde entsteht, sondern aus dem Erzählen, es geht nicht ums Ablichten, vielmehr um ein Gefühl, einen Eindruck. Als Thomas mir kundtut, seine Mutter stamme aus Vilalba, sehe ich sofort ein Mädchen mit halblangem Haar, schwarzen Augen, in einem weißen Leinenkleidchen vor mir, allein, wie verlassen, in der Hitze einer gepflasterten Gasse, dann eine Kirche am Sonntagmorgen, die Gläubigen feiern die Messe, und ebenso einen festungsartigen Turm, zu dessen Füßen die Kinder gleich Verstecken spielen werden, das Mädchen wird sich ihnen anschließen, und auch Hotels für Pilger am Ortsausgang sehe ich, eine versteinerte Welt, Langeweile. Ich bin überzeugt, das Bild stimmt. Und sogar falls nicht, so hoffe ich doch, dass der Leser das Mädchen *gesehen* und somit die Stadt *gesehen* hat.

Während seiner Kindheit und als Heranwachsender ist er dort gewesen, mehrere Male, im Sommer, immer nur sehr kurz, da es unmöglich ist, den Hof länger allein zu lassen, der Lehrling, der dort das Nötigste versieht, kann nicht alles erledigen, um das Vieh muss sich durchgehend gekümmert werden, die Ernte könnte missraten. Sie fahren mit dem Auto, zuerst ein grüner Simca 1100, dann ein Peugeot Break 305 (wieso erinnere ich mich daran?), die drei Kinder sitzen hinten, die Koffer sind auf dem Dach verstaut. Die Hitze ist unerträglich, der Vater hat Sonnenschutz an den Scheiben angebracht. Alle zwei Stunden halten sie an einer Autobahnraststätte, auf einem Parkplatz, um die in Alufolie verpackten, frühmorgens vor der Abfahrt zubereiteten Sandwiches zu verspeisen oder sich die Beine zu vertreten, zu pinkeln, vollzutanken. Sie brechen wieder auf, das Radio ist angestellt, doch meist ist der Empfang weg oder schlecht, die Schlager kommen zerhackt, unverständlich, bei den Witzen fehlt immer der Schluss, den Nachrichten wird nicht gelauscht. Die Strecke scheint nie enden zu wollen.

Die gesamte Familie seiner Mutter lebt noch in Vilalba. Die Brüder sind verheiratet, haben Kinder, er hat Cousins, Cousinen, dieser ganze kleine Kosmos wohnt in einem Umkreis von einem Kilometer, nicht mehr. Jedes Wiedersehen verläuft frohgemut, das Lebewohl betrübt, man bedauert, nur so wenig Zeit füreinander gehabt zu haben. Er sagt, dass er Vilalba nicht gut kenne, denn im Grunde bleiben sie nur zu Hause, plaudern mit Lachen und Klagen, endlos, Mittag- und Abendessen ziehen sich in die Länge. Er sagt, Spanien bestehe für ihn aus seinen Verwandten, die sich gegenseitig ins Wort fallen, die essen, trinken, einander zugetan sind, bis die Nacht hereinbricht.

Ich sage: Deshalb hast du gemeint, du hättest *etwas von einem Ausländer*? Er sagt: Ja, die dunklen Augen, die braune Haut. Dazu dieses Gefühl, wer weiß, nicht ganz hierherzupassen, ein wenig entwurzelt zu sein, so, als ob man Entwurzelung erben könnte.

Ich frage ihn nicht, ob er die Empfindsamkeit seiner Mutter hat. Die Frage brennt mir auf den Lippen, nachdem er angedeutet hat, die Schwester komme stark nach dem Vater. Die Antwort auf die Frage würde er verweigern, weil sie zu persönlich wäre und ihn zu einer inneren Prüfung oder zu einem Geständnis zwingen würde. Ich bin geradezu überzeugt, dass von ihr seine Anmut stammt, der feine Körperbau, das Natürliche auch.

Er sagt: Was ich von ihr nicht habe, ist der Glaube. Seine Mutter sei sehr gläubig, praktizierende Katholikin, sie gehe jede Woche in die Kirche, manchmal sogar mehrmals, vor allem seitdem die Jüngste da sei, bitte sie Gott um eine Erklärung, warum ER ihr diese Prüfung gesandt habe oder wie sie die Kraft finden soll, trotz allem eine gute Mutter zu sein. Am Hals trage sie das Bildnis der Heiligen Jungfrau, habe natürlich einen Rosenkranz, den sie durch die Finger gleiten lässt, und im Schlafzimmer ist ein Kreuz über dem Ehebett aufgehängt worden. Sie hat sogar ein Plakat mit Jesus, dem Sohn unseres Herrn, mit Reißzwecken an eine Esszimmerwand geheftet, neben der Anrichte. Er sagt, dass er damit aufgewachsen sei. Ich sage: Damit? Du meinst mit solcher Frömmelei? Er befiehlt mir, dieses Wort nicht zu benutzen. Er sei nicht gläubig, aber er achte den Glauben seiner Mutter. Er fügt an, dass er vortäuscht zu glauben, um sie nicht zu verletzen. So ist das. Sie braucht die Gewissheit, dass ihr Sohn den rechten Pfad geht.

Ich habe mich oft gefragt, ob die religiöse Beengung im Haus, das tägliche Reden von der göttlichen Pflicht, das Schlimme zu meistern, die von Kindesbeinen an inhalierte biblische Botschaft, zwischen Gut und Böse klar zu unterscheiden, ob die festen Bande, die in dieser makellosen Familie verherrlicht wurden, das Kind, das nicht aufmucken durfte, prägen konnten. Ich glaube, ja.

Er erklärt, dass er am Religionsunterricht teilgenommen und die feierliche Erstkommunion empfangen habe. Dass es in Ordnung gewesen sei und dazugehört.

Er ist überrascht, als ich ihm sage, dass wir das gemeinsam hätten.

Ich bin sechs Jahre alt. Mittwochnachmittags gehen meine Altersgenossen zum »Reli«. Und alle behaupten, dass es »Spaß macht«. Meinem Bruder und mir ist es verboten, eine Kirche zu betreten und vor allem uns von einem Pfarrer unterrichten zu lassen. Es ist also ziemlich gewagt, als ich mich eines Tages ohne Wissen meines Vaters einer Gruppe anschließe. Bei dieser neuen Version von *Don Camillo und Peppone* à la Charente wundert sich der Pfarrer über mein Erscheinen, vermutet fast einen üblen Streich, ich versichere ihm, dass ich mit elterlicher Erlaubnis komme. Ich kann bereits hinreißend lügen. Nach dem Unterricht begleitet mich der Pfarrer zur Schule zurück: Mein Vater ist furchtbar aufgeregt, überall hat er mich gesucht, hat Angst bekommen. Er atmet keineswegs auf, als er mich an der Hand eines Mannes Gottes erblickt, oder es handelt sich nur um ein kurzes Aufatmen, denn deutlich erkenne ich seinen zornigen Blick. Der Pfarrer seinerseits triumphiert mäßig. Ich rede los und erkläre, dass es in der Kirche, im Kreis um den Pfarrer wunderbar gewesen sei und dass ich gerne weiter teilnehmen würde. Mein Vater, ganz Großmut, antwortet zu meiner Verblüffung: Einverstanden. Also ging ich vier Jahre lang mittwochs zum Religionsunterricht, jeden Sonntagmorgen in die Messe, und die Anfangsbegeisterung verflüchtigte sich bald, um öder Fron zu weichen. Mein Vater, dessen Großmut in Wirklichkeit eine Art von Niedertracht war, zwang mich, bis zum Schluss hinzugehen, keine Zusammenkunft zu versäumen. Mit zehn fand dann endlich die Erstkommunion statt – und ich verachtete Gott, die Kirche und die Pfarrer. Das hat geklappt.

Leicht scherzhaft sage ich Thomas: Du siehst, wir sind nicht so unterschiedlich.

Diese Erinnerung bringt mich auch auf den Vater. Mir fällt auf, dass er seinen kaum erwähnt. Gewiss, er hat dessen Kraft, Fleiß, das Problem mit dem zurückgebliebenen Kind erwähnt. Ich stelle ihn mir als einen wortkargen, genügsamen, gut aussehenden Mann vor. Und ich ahne, dass er hauptsächlich arbeitet, den Hof am Leben und in Schuss hält. Aber ich weiß nichts über das Verhältnis zwischen seinem Sohn und ihm. Thomas sagt: Schwer zu sagen, was er denkt. Eine geschickte Art anzudeuten, dass vom Vater keine Worte der Zuneigung, keine Bestärkung, keine liebevollen Gesten kommen, dass er in einer Mischung aus Verschlossenheit und Stolz unnahbar bleibt. Ich weiß, was es heißt, Sohn eines solchen Mannes zu sein. Ich frage mich, ob väterliche Kälte die besondere Empfindsamkeit der Söhne bewirkt.

Thomas und ich liegen ausgestreckt auf dem Bett. Mein Kopf ruht auf seiner Brust. Ich weiß nicht, warum wir auf einmal so daliegen. Ich vermute, das ist beim Reden geschehen. Unweit ein Standspiegel, in den ich üblicherweise morgens nach dem Anziehen schaue, um mich zu kämmen, und in dem ich uns betrachten kann. Ich erkenne plötzlich, dass ich ein anderer geworden bin. Älter vielleicht. Dass ich nicht länger der gehemmte, schnell eingeschüchterte Junge bin, den man beleidigen kann, nicht mehr der begabte, versonnene Junge, etwas anderes ist nun da, das aus dem Gebrauch des Körpers rührt, aus dem entfachten Verlangen auch, daraus, es mit einem anderen zu teilen, aus dem Sieg über eine Form von Einsamkeit. Natürlich kann ich nichts beweisen, äußerlich, das gehört dazu, aber ich meine, dass man sie mir ansehen wird, diese Veränderung, man bei einem bisschen Aufmerksamkeit den Unterschied entdecken wird; er ist unleugbar.

Als ich kürzlich alte Sachen aussortierte, die sich im Schreibtisch in meinem Zimmer befanden, ein Aufräumen, das durch den Beschluss meiner Mutter, »das Zimmer zu renovieren und unnützen Krempel wegzuwerfen« ergab, bin ich auf zwei Fotos gestoßen. Eines stammt aus dem vorletzten Jahr auf dem Gymnasium, das andere aus dem Abitursommer: Der junge Mann ist überhaupt nicht mehr derselbe. Auf dem ersten Foto ist er kümmerlich, die Schultern hängen, er schaut weg. Auf dem zweiten lächelt er, und die Haut ist gebräunt. Natürlich spielen die Umstände eine Rolle. Doch ich bin überzeugt, dass die heimliche Liebe die Verwandlung erklärt.

Thomas schaut auf die Armbanduhr. Es ist eine Casio mit Ziffernanzeige, sie fiel mir bei unserem ersten Treffen auf, so eine möchte ich auch haben. Er erhebt sich sogleich und zwingt mich, den schönen Platz auf seiner Brust zu verlassen. Er sagt, er muss los, dass er schon zu spät dran ist, sein Vater wartet auf ihn, es gibt irgendwas im Wein zu tun. Er zieht sich hastig an. Ich wende ein, dass der Bus erst in einer halben Stunde fährt, er noch ein bisschen bleiben kann. Er nimmt nicht den Bus, er hat eine Suzuki 125, die er weiter oben in der Straße abgestellt hat. Ich erinnere mich nicht, ihn je mit einem Helm gesehen zu haben, er sagt, er fahre meist ohne, er begegne nie Bullen auf den Landstraßen. Ich sage: Nimmst du mich mal für eine Runde mit, in den nächsten Tagen? Ich rechne mit einem Schulterzucken, einem hämischen Grinsen, das Erinnern an die Vereinbarung, nicht aufzufallen. Stattdessen fragt er: Möchtest du? Ich denke, ja, ganz bestimmt. Etwas ist dabei, sich zu verändern.

Er wird sein Versprechen halten. Einige Wochen später wird er mich mitnehmen. Er wird mich am Ortsausgang aufgabeln, diesmal mit Helm, ich weiß nicht, ob als Vorsichtsmaßnahme, vorschriftsmäßig oder damit wir nicht erkannt werden, ich werde hinten aufsteigen, ich werde mich an ihm festhalten, wir werden flott über die Landstraßen brettern, durch Wälder, zwischen Weinbergen, Haferfeldern hindurch, es wird nach Benzin stinken, dröhnen, ich werde einige Male Angst bekommen, wenn die Räder über den Splitt, über Schlaglochpisten rutschen, das Wichtigste ist, mich an ihm festzuhalten, ihn *draußen* zu umklammern.

Einstweilen entschwindet er, stürmt die Treppe hinunter, wirft mir vor dem Abschied kaum einen Gruß zu. Als er die Tür schließt, lastet die Stille so schwer, dass sie mich in die Knie zwingen könnte. Was von seinem Duft noch da ist, rettet mich, der von Zigaretten und Schweiß untermischte Duft seines Körpers. Das, was von ihm bleibt.

Danach? Danach finden weitere heimliche Treffen statt. Zumeist in meinem Zimmer; die praktische Seite hat ihn überzeugt. Immer häufigere Treffen, die Erfindungsgeist, Planung, Vorsicht erfordern, wir haben manchmal den Eindruck, uns wie Verschwörer zu benehmen. Es existieren noch keine Handys, ich muss bei ihm anrufen, wenn ich an eine unbekannte Stimme gerate, lege ich auf, oft melde ich mich als jemand anderer, schließlich hat Thomas das Recht, einen Schulkameraden mit dem Vornamen Vincent zu haben, schlau eingefädelt (Vincent, noch ein Vorname, dessen ich mich später bedienen werde, in Romanen). Oder ich hinterlege auch eine Nachricht in seinem Fach – jeder Schüler hat eines, das ihm zu Beginn des Schuljahrs zugeteilt wird – mit Tag, Uhrzeit, ohne Unterschrift, deutbaren Hinweis; er antwortet mir auf demselben Wege. Es geschieht auch, dass wir beim Verlassen des Zimmers von einem aufs andere Mal ein Treffen festlegen, aber sehr selten, so, als wäre daran etwas Ordinäres, das unsere Geschichte auf die Ebene einer erotischen Besessenheit herabwürdigen könnte.

Wir schwänzen auch Unterricht, wir schieben Kranksein vor, er sagt, das werde bald Verdacht erregen, an solchen Tagen ist er unruhig.

Und wir lieben uns.

Ich ziehe ihm an den Trägern sein Unterhemd über den Kopf. Nichts scheint mir sinnlicher, aufregender zu sein.

Er streichelt mich mit der Rückseite der Hand, dann mit der Handfläche über den Bauch, die Hüften.

Er hält mir seine Zigarette hin, um einen Zug zu nehmen. Ich huste sofort. Peinlich.

Mit der Zunge stupse ich auf jeden seiner Leberflecke. Zweiunddreißig hat er, ich habe gezählt.

Ich wechsle ihm den Verband. Er hat sich an einer Rebe verletzt, was einen tiefen Schnitt hinterlassen hat.

Ich sehe ihn einschlummern, sein Gesicht neigt sich nach links, er wird sofort wieder wach.

Ich schiebe mir die Kopfhörer seines Walkmans über meine Ohren, er will, dass ich Bruce Springsteen höre.

Nach dem gedämpften Klang des Lieds tanzt er ein bisschen betrunken vor mir. Ich glaube zu träumen.

Den Rest der Zeit umschlingen wir uns, blasen uns einen, vögeln.

Eines Tages schlage ich vor, ins Kino zu gehen. Ich habe meine Begründung vorbereitet: Ins Club kommt nie oder fast nie jemand, vor allem zu den Nachmittagsvorstellungen, und die wenigen Besucher sind eher alt, es bestehe keine Gefahr, erkannt zu werden. Ich schlage weiter vor: Er geht als Erster hinein, und falls er nach fünf Minuten, wenn die Werbung schon läuft, nicht wieder herausgekommen ist, dann ist die Bahn frei und ich kann hinterher. Er merkt, dass ich alles bedacht habe. Ich sage, dass es höchst nötig sei, mit ihm. Er fragt, ob das ein Vorwurf sei. Ich antworte, nein, dass ich aber nicht vergesse hätte, was er mir bereits am ersten Tag, im Säufercafé, klargemacht hat.

Vier Jahre zuvor, nachdem wir das Dorf verlassen hatten, die Wohnung über der Schule, die Lindenbäume, um in Barbezieux zu wohnen, habe ich das Kino entdeckt: Das war eine Offenbarung. Wenngleich es ein bescheidenes Kino ist: wenige Plätze, wenig Drum und Dran, wenige Vorstellungen, doch für das Kind vom Dorf, das Kind, das jeden Abend gnadenlos um halb acht ins Bett musste, unmöglich, trotz allen Flehens, aller Finten, Komödien auch nur ein paar Minuten mehr herauszuschinden, und das noch nie einem Film gesehen hatte, handelte es sich um eine neue Welt. Auf Anhieb liebte ich den dunklen Saal, die weichen, wackeligen, braunen (Braun galt damals nicht als hässliche Farbe) Sitze, die riesige Leinwand (in meiner Erinnerung ist sie es; in Wirklichkeit war sie es weniger), mochte ich den Geruch von Popcorn (auch das Muffige, als wäre alles durchfeuchtet). Sogar die Werbung von Jean Mineur gefällt mir, ich warte darauf, dass der kleine Bergmann seine Spitzhacke ins Ziel schleudert, ich weiß, er wird ins Schwarze treffen, eine Telefonnummer wird eingeblendet, der Hauptfilm kann beginnen. Mit zwölf, dreizehn schaue ich mir nicht die Filme für mein Alter an, die Zeichentrickfilme von Walt Disney zum Beispiel, ich glaube, auch später nicht, die Lücke bleibt, auch keine Actionfilme oder Science-Fiction, sogar *La Boum – Die Fete* nicht, den die Jugendlichen auswendig kennen, das interessiert mich einfach nicht, nein, ich suche mir die Filme *für die Alten* aus, die von François Truffaut, André Téchiné, von Claude Sautet, auch Skandalfilme wie *Der verführte Mann* von Patrice Chéreau oder *Possession* von Andrzej Żuławski. Als ich das Thomas gestehe, sagt er: Das wundert mich nicht.

Immerhin fügt er an: Du hast wirklich *Der verführte Mann* gesehen? Ich antworte ihm, dass es einer meiner größten Schocks war, und nicht nur von der Machart her, natürlich. Zum ersten Mal sehe ich auf der Leinwand Homosexualität, und zwar knallhart, direkt, hemmungslos. Ich erzähle Thomas vom Schmutz und der Gier auf dem Bahnhof, dem fahlen Treiben auf den Toiletten, dem Gemenge aus Strichern und Pennern, wie es spürbar nach Scheiße und Wichse riecht. Ich berichte ihm vom Markt der Gefühle, den Randexistenzen, den Körpern, die einander suchen, rasch zur Sache kommen, sich abrupt wieder trennen. Ich fühle, er ist abgestoßen. Er sagt, so nicht. Er sagt nicht den ganzen Satz. Er sagt nicht: So ist sie nicht, die *Homosexualität*. Er ist nicht in der Lage, dieses Wort auszusprechen; er wird es übrigens kein einziges Mal tun. Er sagt: Das ist ein widerliches Bild. Ich erinnere mich an den Ausdruck: »widerliches Bild«, den er anstelle von: »schlimme Vorstellung«, zum Beispiel, gebraucht. Einige haben Chéreau das vorgeworfen. Ich entgegne, er täusche sich, dass es vor allem um eine Liebesgeschichte geht, die Leidenschaft eines Jungen für einen Mann, dass keine Liebe reiner als diese sein kann. Ich rede von der Reinheit der absoluten Liebe. Er sagt, er werde sich diesen Film niemals ansehen.

Zu diesem Zeitpunkt weiß ich nicht, dass Hervé Guibert, der Autor des Drehbuchs, einer meiner Lieblingsschriftsteller werden wird. Sechs Monate später werde ich *Seltsame Abenteuer* entdecken. Und diese Sätze werden mich aufwühlen: *Zu denken, dass ich dich lieben könnte, ist vielleicht eine Sucht, aber ich denke es. Ich will nichts weiter von dir als dich ansehen, dich reden hören, dich lachen sehen, dich umarmen. Dieses Verlangen ist offen, es ist nur ein Verlangen nach Annäherung.* Ich werde entdecken, dass Bücher von mir und über mich erzählen können. (Und, nebenbei, die unerhörte Macht schmuckloser, klarer Literatur, die der Wirklichkeit ganz nahe kommt.) Sechs Jahre darauf wird Guibert bekannt geben, dass er an Aids erkrankt ist und bald daran sterben werde. Ich frage mich damals, ob *Der verführte Mann* ein hellseherischer Film oder, im Gegenteil, das letzte Auflodern von freier Liebe ist, ohne Hemmungen, Angst, ohne Moral. Knapp vor dem Massensterben.

Ich weiß gleichfalls nicht, dass ich zu einem Treffen mit Patrice Chéreau mitgenommen, mit ihm arbeiten werde. Er wird einen meiner Romane verfilmen. Eine Geschichte über Brüderlichkeit und Sterben, über einen gemarterten, dem Tode geweihten Körper. Ein Kreis, der sich nach zwanzig Jahren schließt.

Ende jenes Winters 1984 will ich unbedingt einen Film sehen, *Rumble Fish*, von Francis Ford Coppola, angekündigt als Fortsetzung von *Die Outsider*, der einige Monate zuvor in die Kinos kam. Ich mochte diese Jugendschilderung so sehr, das Herumlungern, die Kraft jugendlicher Verbundenheit, die Befreiung, wobei alle mitspielen, die das Kino der Achtzigerjahre sein werden: Tom Cruise, Patrick Swayze, Matt Dillon, Rob Lowe. Ich habe diese jungen Ganoven mit Pomade im Haar, die nichts anderes sind als die Enkel der Bande in *Denn sie wissen nicht, was sie tun*, so geliebt. Doch vor allem habe ich mich in C. Thomas Howell, der den Ponyboy spielt, buchstäblich verliebt. Ich entsinne mich mit verwirrender Genauigkeit an die physische Überwältigung damals. Es wird Wochen brauchen, ehe ich diesen Aufruhr wieder loswerde, um dessen völlige Sinnlosigkeit einzusehen. Übrigens wird mir klar, *im Nachhinein*, dass Thomas ihm ähnelt (ich frage mich, ob mein Unterbewusstsein am Werk war, aber diesen Gedanken verjage ich sofort). Als ich anmerke, dass *Rumble Fish* in Schwarz-Weiß gedreht wurde, sagt er: So ein Zeug kann man sich nicht ansehen, wir sind nicht unsere Eltern.

Stattdessen werden wir Karten für *Scarface* von Brian De Palma kaufen. Ich habe darauf hingewiesen, dass die Kritik vernichtend ist: Die viele sinnlose Gewalt wird beklagt, eine unnötig rüde Sprache, marktschreierische Effekte. Aber Thomas hat recht, natürlich. Der Film ist ein Meisterwerk, vielleicht vordergründig eine rabiate Geschichte über Geld und wie es Menschen verdirbt. Während der Nachspann läuft, sagt er: Genial, die Szene mit der Kettensäge, hmm? Ich schaue ihn an und antworte etwas ironisch: Da hätte ich mich beinahe an dich geklammert. Er lächelt als Antwort. Dieses Lächeln ist wie ein Geschenk. Es kam nicht allzu oft vor, dass Thomas mich angelächelt hat. Das war nicht seine Art.

Er erinnert sich auch an eine Antwort im Film. Ich frage: Welche? Er sagt: *Meine Hände sind für Gold gemacht und sie stecken in der Scheiße.*

Kurz nach diesem Ereignis werden wir uns abermals, er und ich, am selben Ort treffen. Aber diesmal unfreiwillig. Und dieser Zufall macht den Unterschied.

Ich bin abends zu einem Geburtstag eingeladen. Ich habe gezögert hinzugehen. Ich mag weder Feierlichkeiten noch Feste (und das hat sich kaum geändert). Am Wochenende davor habe ich wegen meiner Abneigung gegen Geselligkeiten, die als festlich angekündigt werden, übrigens für einen Skandal gesorgt.

Es handelte sich um eine Hochzeit. Die Braut war eine meiner Cousinen. Zuerst hatte man sich in der Kirche einzufinden, musste dem Geschwätz eines schwitzenden Pfarrers lauschen, sich für das Foto auf die Stufen stellen, auf Glanzpapier an der süßen Freude dieser riesigen Familie teilhaben. Und dann begab man sich in einen schlecht beheizten Mehrzwecksaal, um scheußlichen Fusel zu trinken. Die Becher waren aus weißem Plastik. Erdnüsse waren bergeweise gekauft worden. All das roch nach Geiz, nicht nach Not, sondern nach Schäbigkeit, die zweifellos viel unverzeihlicher ist. Später setzte sich die Meute zu einem miesen Ausflugslokal in einer gottverlassenen Ortschaft in Bewegung, in der mein Vater ehedem unterrichtet hatte. Ich erinnere mich an schmutziges Gelächter, Unterhaltungsgeschrei, verschwitzte Gesichter, Hemden mit Flecken vom Wein meiner Onkel, an zotigen Radau, diese Ansammlung von gerötetem Fleisch, vollen Wänsten. Ich erinnere mich an Spiele, für die ich mich nachträglich schäme, bei denen eine Frau mit verbundenen Augen ihren Mann erkennen sollte, indem sie die nackten Waden von irgendwelchen fünf Männern abtastete, oder ein Apfel auf dem Boden mithilfe einer Banane, die mit einem Faden um die Hüfte befestigt war, weitergeschoben werden sollte. Ich erinnere mich an das absolut Vulgäre, diese grunzende Menschheit, und mich schaudert's. Am Tisch neben mir berichtete einer meiner Cousins, kaum vierzehnjährig, von sexuellen Erfahrungen, die ich bei einem vorpubertären Jungen für unvorstellbar gehalten hätte, und er knuffte mich mit dem Ellenbogen, um genau zu erfahren, was ich bei meinen Liebeseroberungen anstellte (ich habe ihm übrigens fast gesagt: Ich blase Schwänze, willst du noch was wissen?). In einer anderen Ecke grölten Freizeitsänger, die einen draufgemacht hatten und die in ihrer Aufmachung so aussahen wie angesoffene Automechaniker oder Handelsvertreter, alte Liebeslieder oder metzelten kaum wiedererkennbare Klassiker nieder. Punkt elf Uhr hatten betrunkene Vierzigjährige begonnen, den »Ententanz« zu wackeln, und die alterslosen Witwen schauten ihnen mit seligem Lächeln zu. Ich hatte nur einen Wunsch: fliehen, und genau das tat ich. Ich bin zu meinem Vater gegangen, und in einem Ton, der ihn stark beeindruckt haben muss, da er prompt wirkte, bat ich ihn, ohne mich auf eine Debatte oder auch nur einen Widerspruch einzulassen, mich nach Hause zu fahren. Auf dem Heimweg habe ich mir geschworen, niemals wieder in eine solche Lage zu geraten.

Ein Geburtstag mit jungen Leuten ist gewiss keine Hochzeit, dennoch kann man leicht in eine Art von Stumpfsinn oder Öde abrutschen, das Alter ändert offenkundig wenig daran. Ich weiß, dass ich, wenn ich das schreibe, zweifellos den Eindruck mache, ein hochnäsiger und ein ziemlich empfindlicher Junge gewesen zu sein (und ich war es bestimmt, teilweise). Aus einigem Abstand glaube ich, dass es einfach eine panische Angst vor der Menge ist, ihrer Umtriebigkeit, vor ihrer möglichen Verwandlung in eine Horde, was mich menschenscheu werden ließ.

An diesem Abend sind hauptsächlich Schüler des Gymnasiums zusammengekommen, ich kenne die Gesichter. Ein rundum beliebtes und nettes Mädchen, mit dem ich mich mehrmals unterhalten hatte, weil sie eine Freundin von Nadine ist, feiert ihren achtzehnten Geburtstag (das Alter, in dem man *volljährig* wird, das heißt nennenswert, wichtig, gar ausschlaggebend, der Einschnitt, nach dem man offiziell groß ist, während man zuvor als unerheblich, nicht als Bürger galt; diese künstlichen Grenzen habe ich immer komisch gefunden). Nadine hat übrigens darauf bestanden, dass ich zu ihr komme, sie hört nicht auf zu wiederholen, dass ich ungesellig bin, dass das wahre Leben nicht in Büchern stattfindet und Leichtigkeit, Sorglosigkeit, Rausch keine Schimpfwörter sind. Und sie hat recht: Hätte ich viel früher auf sie gehört, hätte ich meine Jugend vielleicht nicht verpasst.

Die Szenerie bleibt ziemlich deutlich: ein Neubau an der Straße nach Cognac, ein geräumiges Esszimmer, aus dem die meisten Möbel weggeschafft sind, beigefarbene Kachelfliesen, Partyschmuck an den Fenstertüren und Leuchtern, Strahler, deren Stroboskoplicht durch den Raum schaukelt, abseits eine ruhigere Stimmung, im Garten hinter dem Haus eine Beleuchtung, die das Rasengrün noch grüner und Haar hier und da ein bisschen grell scheinen lässt, unterm Jeanssaum weiße Socken, Sweatshirts bei den einen, Jacketts mit Schulterpolstern, Keilhosen bei den anderen, ein Gemisch aus Neonfarben und dunklen Umrissen. Was die Musik angeht, klare Sache: Es wird getanzt nach »Wake Me Up Before You Go-Go« von Wham! oder »Footloose« von Kenny Loggins, jeder kennt den Text von »Toute première fois« von Jeanne Mas auswendig, man legt die Arme zu »Time After Time« von Cyndi Lauper umeinander. Für ein bisschen überraschende, aber willkommene Schwermut legt jemand »99 Luftballons« von Nena auf.

Bei den letzten Klängen des Lieds erblicke ich Thomas. Ja, mit einem Mal ist er da, mitten im Zimmer, ich habe ihn nicht hereinkommen sehen, er erfüllt den gesamten Raum, oder er zieht ihn an sich, der Raum wird er; man könnte schwören, das Licht über allen anderen sei ausgeschaltet, dass jemand sie ins Dunkel gestoßen habe. (Ich glaube, mich an eine Probeaufnahme von James Dean für *Denn sie wissen nicht, was sie tun* zu erinnern, junge Leute sind in einem Zimmer versammelt, sie wirken frisch, verführerisch, ihre Gesichter nebeneinander wie auf einem Gemälde El Grecos, und dann betritt Jimmy den Raum, die Kamera erfasst ihn, er ist kleiner als die Übrigen, ein wenig vorgebeugt, mit Brille, er lächelt frech, und man sieht nur ihn, die anderen haben aufgehört zu existieren, wahrscheinlich setze ich die Szene neu zusammen, verherrliche sie, doch ich glaube daran, dass Menschen durch ihre bloße Gegenwart den Rest der Menschheit in den Hintergrund schieben können und es uns den Atem verschlägt.)

Die erste Reaktion ist Verblüffung und fast ein bisschen mehr: Fassungslosigkeit. Mit ihm hatte ich nicht gerechnet. Ich wusste nicht, dass er eingeladen war (und warum hätte man es mir sagen sollen? Und wer?). Als ich ihn am Abend zuvor getroffen hatte, hat er diesen Geburtstag nicht erwähnt (doch ist er mir gegenüber natürlich zu nichts verpflichtet; darauf beruht unsere Beziehung, auf dem Ablehnen jeder Verpflichtung). Ich selbst habe ihm nichts gesagt. Hätten wir es gewusst, dann wäre mindestens einer von uns ganz sicher nicht gekommen. Und um genau zu sein, hatte ich bei solch einem Anlass mit ihm nicht gerechnet. Er ist zu wild für solche Jugendkirmes, zu störrisch, passt kaum in solche Umgebung. Geradezu unangebracht. Fehl am Platze.

Er hat mich noch nicht erblickt. Er befindet sich noch in einer unfertigen, nie geplanten Szene, er wirkt rein, ungezwungen. Er zieht an einer Zigarette, schaut umher, schnell gesellt sich einer seiner Freunde aus derselben Abschlussklasse, den ich schon kenne, zu ihm, sie geben sich nachlässig, wie eng Vertraute, die sich nichts beweisen müssen, die Hand. Sofort denke ich an die Welt, von der ich ausgeschlossen bin, an die Kameradschaften, die er aufgebaut hat und in denen kein Platz für mich ist, an seine üblichen Tage, in denen ich nicht auftauche. Der Freund verkörpert all das, das Handgeben ist der Beweis. Ich verharre in der unsichtbaren, unterirdischen, außergewöhnlichen Welt. Normalerweise beglückt mich diese Position. An diesem Abend lässt sie mich furchtbar leiden.

Denn schließlich sind wir rasend intim miteinander, kann die Nähe nicht größer sein, aber darüber hinaus nichts, die völlige Trennung: Mit solcher Schizophrenie, muss man gestehen, kann der entspannteste Mensch nicht zurechtkommen. Und ich war weit davon entfernt, entspannt zu sein.

Es lag an diesem Irrsinn, sich nicht *gemeinsam* zeigen zu können. Dieser Irrsinn wurde jetzt – ganz neu – dadurch verschärft, sich in einem Trubel zu begegnen, wo wir uns wie einander Fremde verhalten sollten. Irrsinn, nicht sein Glück kundtun zu können. Armselige Bemerkung, nicht wahr? Die anderen verfügten über dieses Recht, nutzten es, verzichteten nicht darauf. Das machte sie noch glücklicher, ließ sie sich blähen vor Stolz. Wir jedoch verkrüppelt, eingekerkert in unser Verbot.

Wie es brannte, dass nichts gesagt werden durfte, alles verschwiegen werden musste, dazu diese schreckliche Frage, dieser Abgrund vor unseren Füßen: Wenn man nicht darüber spricht, wie soll man beweisen, dass es da ist? Eines Tages, wenn die Geschichte vorbei sein wird, denn sie wird vorbeigehen, wird niemand bezeugen können, dass es sie je gab. Einer ihrer Darsteller (er) wird sie sogar leugnen können und bei Bedarf gegen solch erfundenes Geschwätz auf die Barrikaden gehen. Der andere (ich) wird nur sein Wort haben, es würde nicht schwer wiegen. Dieses Wort wird niemals fallen. Ich habe nie darüber gesprochen. Außer heute. In diesem Buch. Zum ersten Mal.

Da sind wir also, als ein Mädchen ihn plötzlich stürmisch umarmt. Sie ist aus einem Dunkel aufgetaucht, in sein Licht geraten. Sie ist so schwungvoll, energiegeladen, es geschieht so spontan. Diese Spontaneität verletzt mich, denn was sie tut, ist nicht nur impulsiv, es scheint natürlich zu sein. Thomas ist gewiss ein bisschen überrascht, verwirrt, aber er lässt es sich gefallen, erlaubt die Intimität, die Umarmung. Er erwidert den Kuss. Darin könnte ich jetzt, nach der Kameradschaftlichkeit, die sich kurz zuvor zeigte, nur die Variante für Frauen vermuten, aber die Eifersucht, die mich heimsucht, mich überflutet, lässt mich die Szene ganz anders sehen.

Ich weiß um Eifersucht, aber dieses Gefühl ist mir sehr fremd. Ich kenne keinen Besitzanspruch und halte nichts davon, über andere Menschen zu verfügen, sogar der Begriff Besitz ist mir nicht geheuer. Ich respektiere die Freiheit eines jeden vollkommen (wahrscheinlich, weil ich es nicht ertragen würde, dass man meine beschränkt). Ich bin auch in der Lage, scheint es mir, von höherer Warte aus zu urteilen, Gleichmut zu bewahren. Jedenfalls schreibt man mir diese Fähigkeiten, sogar in jenen jungen Jahren, zu. Im Allgemeinen benehme ich mich nicht eifersüchtig, und das grässlich Zänkische von Megären habe ich immer entwürdigend gefunden. Nur, dass all meine schönen Grundsätze innerhalb einer Sekunde zerstieben, der Sekunde, als das Mädchen Thomas umschlingt. Weil dies Geschehen ein Leben offenbart, das ohne mich gelebt wird. Und mich ins Leere zurückstößt, in die grausamste Art des Nichtvorhandenseins.

Weil es vom Zauber des geheimnisvollen Jungen und all den Versuchen erzählt, ihm nahezukommen.

Weil es dem abgeirrten, hin- und hergerissenen Jungen eine andere Möglichkeit zeigt.

In Wahrheit ertrage ich die Vorstellung nicht, dass er mir entrissen werden könnte. Dass ich ihn verlieren könnte.

Ich – armer Narr – entdecke die beißende Liebe.

(Und wurde man einmal verwundet, so hat man später Angst, abermals zu lieben, aus Furcht vor Schmerz, man weicht der Leidenschaft aus, um dem Kummer auszuweichen, dieser Grundsatz wird mich leiten. Viele verlorene Jahre lang.)

Nach der Umarmung wendet Thomas sich in meine Richtung (wobei nichts von Ursache und Wirkung, nichts Unbewusstes zu vermuten ist, nur Zufall bei der langsamen Bewegung), und sein Blick erfasst mich schließlich. Nie habe ich einen solchen Blitzeinschlag gesehen. Ja, genau das ist es: Ein Blitz hat ihn getroffen. Erstens, weil er mich erblickte. Dann, denke ich mir, durch das Bild, das er in diesem Moment abgibt, das eines umschmeichelten Jungen, dessen Hand nachlässig auf der Hüfte des Mädchens ruht. Heikler geht es kaum. Er ist leichenblass und totenstarr. Das Mädchen bemerkt nichts, sie charmiert weiter, redet, schreit ihm wegen der lauten Musik und gewiss, um Nähe zu demonstrieren, ins Ohr, er hört ihr nicht mehr zu, aber sie merkt es nicht. Nur der Kumpel daneben scheint wegen des verwandelten Gesichts, der veränderten Körperhaltung zu stutzen. Doch er schließt nichts daraus, vorerst, denn er schaut nicht zu mir, er hat nicht verstanden, dass ich für die Verwandlung verantwortlich bin.

Und ich, wie sieht es mit mir aus, hm? Wahrscheinlich nicht viel glanzvoller, beherzter. Mein Jammer entstellt mich vermutlich, lässt mein Gesicht eine Mischung aus Kränkung und Trauer ausdrücken. Nadine, die mit Bechern voller Bowle in den Händen zu mir zurückkommt, bemerkt alles, sie kennt mich zu gut. Jahre später wird sie mir gestehen, dass sie an jenem Abend verstanden hat. Durch meine Aufgelöstheit. Meine Liebe zu Jungs mit dunklen Augen verstanden hat. Es wurde ihr sofort klar. Oder bestätigte sich vielmehr. So, als hätte sie es vor dieser Minute *gewusst,* aber als sei dieses Wissen ihr nicht bewusst geworden, und es wurde nun, dort, im gedämpften Licht einer Geburtstagsfeier, schlagartig offenbar. In diesem Moment sagt sie nichts. Sie hält mir den Plastikbecher hin. Ich nehme ihn schließlich.

Ich trinke viel, maßlos. Ich schütte die Bowle in mich hinein. Ich schenke mir dauernd aus einer großen Salatschüssel nach, in der blutrote Fruchtstücke schwimmen.

Ich diskutiere mit mir Unbekannten, stelle ihnen einen Haufen Fragen, heuchele Interesse, und vielleicht interessiere ich mich wirklich für sie, das ist eine der Methoden, um nicht an T. zu denken. Am nächsten Tag werden einige sogar behaupten, ich sei ein netter Typ, *besser als mein Ruf*.

Ich tanze auch. Obwohl ich nicht tanzen kann. Scham wegen meines Körpers. Seiner Schwächlichkeit. Wenn schon, auf Vulkanen tanzt man gut. Nicht das Lachhafte bringt mich um. Ich gehe hinaus in den Garten, stampfe über den Rasen, in einer Ecke rauchen einige Typen eine Zigarette, ich bitte sie um einen Zug, sie lachen, weil ich betrunken bin, aber lassen mich ziehen, ich muss sofort husten, ringe nach Luft. Bin ungeeignet, absolut.

Ich frage nach der Toilette, ich stürze hinein, ich übergebe mich, lange hängt mein Kopf über dem Erbrochenen. Irgendwer hämmert an die Tür.

Ich kehre auf die Tanzfläche zurück, tanze weiter, vergesse meinen Körper, vergesse die Scham.

T. und ich, wir weichen uns aus.

Ich sage mir: Was ist denn daran jetzt so neu, eigentlich? Verbringen wir nicht längst die meiste Zeit damit, uns aus dem Weg zu gehen? Uns zu verfehlen? (Ich lächele über den Doppelsinn des Worts – ein hilfloses Lächeln, sicherlich; und sogar ein tragisches).

Zu sehr später Stunde überkommt mich das Verlangen, ihn zu umarmen, meinen Weg durch die Menge zu bahnen, um ihn zu umschlingen. Das Quantum Alkohol schwemmt all meine Hemmungen hinweg.

Alle, bis auf diese.

Sogar in meiner Verlassenheit und Auflösung bleibe ich ihm gehorsam. Das unabsehbare Risiko, das ich einginge, hält mich zurück. Ein lebensgefährliches Risiko.

Ich entscheide mich, die Fete zu verlassen.

Ich entsinne mich, lange gelaufen zu sein, danach, durch die Kälte, die Departementstraße entlang, um heimzukommen, daran, den blassen Schein von Laternen, die den Ortseingang markieren, erblickt zu haben, mir den Fuß im rissigen Asphalt verstaucht, Hundegeheul gehört, beim Erklimmen der Treppe meine Eltern geweckt zu haben (in ihrem Schlafzimmer ging das Licht an, sie werden auf die Uhr geschaut, ein paar Worte geflüstert haben), wie ich mich mit Schuhen und Strümpfen unausgezogen aufs Bett fallen ließ, nachdem ich den langen Weg über Zeit genug gehabt hatte, darüber zu grübeln, dass Sexgeschichten besser sind als Liebesgeschichten, aber dass man manchmal nicht die Wahl hat.

Als ich T. zwei Tage später wiedersehe, habe ich mir vorgenommen, den Abend nicht zu erwähnen, diesen Schiffbruch. Er selbst verliert kein Wort darüber. Wir geben uns der Liebe hin. Ich habe sogar das Gefühl, dass es mit ein wenig mehr Zärtlichkeit als sonst geschieht. Als unsere Körper nebeneinander ruhen, mit dem Blick hinauf zur Decke, kommen dennoch die Worte, die unausgesprochen bleiben sollten. Sie entfachen unsere erste Krise. Meine Eifersucht bricht sich Bahn. Bin so jung. Ich erkläre ungeschickt, wütend. T. lässt mich reden. Schließlich sagt er: So ist es eben, da gibt's nichts zu diskutieren (ich glaube sogar, dass er sagte: zu verhandeln). *Wenn es dir lieber ist, hören wir auf.* Wenn du's nicht mehr aushältst. Hier, jetzt, sofort.

Ich sage: Nein, wir hören nicht auf.

Die Angst, ihn zu verlieren, hat über alles andere gesiegt. Die Abhängigkeit.

Die heimlichen Treffen beginnen aufs Neue. Das Abküssen der Körper. Die Liebe im Jungenzimmer. Das, was nur uns allein gehört. Das, was sich nicht sagen lässt.

Einmal, ein einziges Mal geschieht etwas Unvorhersehbares. Unvermutet kommt meine Mutter nach Hause. Ihr ist nicht wohl, sie hat darum gebeten, das Büro früher verlassen zu dürfen, ihr Chef war einverstanden, sie steckt ihren Schlüssel ins Haustürschloss, man kann es im zweiten Stock nicht hören. Sie betritt das Haus, stellt ihre Sachen ab, ihre Handtasche, sie glaubt sich allein, ihr Sohn oder ihr Mann sind natürlich nicht da, sie ist's, die uns gleich hören, die einen Widerhall unseres Redens im Schlafzimmer vernehmen wird. Ein wenig beunruhigt ruft sie meinen Vornamen, doch keine Antwort. Wir haben uns gerade voneinander gelöst, sind so wir, wie es danach manchmal ist, keuchen, plappern dies und das. Da ich nicht antworte, tappt sie die Treppe herauf, immer unruhiger, die Stufen knarren bei jedem Schritt, das Knarren ist zu hören. Panik erfasst uns, lässt uns auch versteinern, was tun? Mit Krach vom Bett aufspringen und dadurch die Schritte zu beschleunigen, den Verdacht einer *unnormalen* Situation heraufzubeschwören, oder sich nicht rühren und es riskieren, so entdeckt zu werden, nackt ausgestreckt? Sie wiederholt meinen Vornamen, mir wird klar, dass es meine Mutter ist, die heraufkommt, dass sie gleich da sein wird, auf der anderen Seite der Tür, einen Meter davor, ich sehe ihre Welt einstürzen, wenn sie die Tür aufstoßen wird. Nun ist es unabänderlich (aber weshalb hat sie keine Angst? Warum läuft sie nicht davon?). Ich rufe: Ja, bin da, arbeite, sie sagt: Aber du bist doch nicht allein, ich habe reden hören.

Ich sage: Mit einem Freund, ein Kurs ist ausgefallen, wir wollen ein Referat vorbereiten. Sie sagt: Ah, dann stör ich euch nicht, sie wagt es nicht, die Tür zu öffnen, wagt es nicht, weil ich überzeugend lügen kann, sind wir gerettet, sie sagt: Aber wenn ihr einen Nachmittagshappen zu euch nehmen wollt, bereite ich euch etwas zu (sie bereitet für ihren siebzehnjährigen Sohn noch immer »Nachmittagshappen« zu). Ich sage: Nein, sehr nett, aber nicht nötig, und füge an: Alles gut, bei dir? Warum kommst du so früh zurück? (Thomas verflucht mich mit unterdrückter Stimme: Warum hältst du nicht den Mund? Sie war doch schon fast weg! Ich sage: Zum Beweis, dass ich mir nichts vorzuwerfen habe, dass ich nichts vergesse, ich weiß, dass man Lügen gut verpacken muss.) Sie erzählt von Schüttelfrost, Kopfschmerzen, immer durch die Tür hindurch, sagt: Ich habe mir irgendetwas eingefangen, und sie steigt die Treppe wieder hinunter. Als wir später in der Küche erscheinen, Thomas und ich, anständig gekämmte Gymnasiasten, reingewaschen von unseren Sünden, über jeden Verdacht erhaben, schaut sie uns freundlich, ohne jeden Argwohn an, Thomas geht auf sie zu, um ihr höflich die Hand zu geben. Abends wird sie sagen: Er ist gut erzogen, dein Freund.

Und was geschah sonst noch in diesem Winter und dem darauffolgenden Frühling? Jean-Marie Le Pen erschien erstmals in *Die Stunde der Wahrheit*. An der Seite von François-Henri de Virieu betrat er zu den Klängen von »Live and Let Die« von Paul McCartney das Studio von Antenne 2 wie jemand, der bereits gesiegt hat. Die Olympischen Spiele fanden in Sarajewo statt, in Jugoslawien. Es existierte noch, Jugoslawien. Sechs Republiken, fünf Nationen, vier Sprachen, drei Religionen, zwei Alphabete und eine einzige Partei, wie Tito gerne wiederholte, der in einem Belgrader Mausoleum ruht, das »Haus der Blumen« genannt wird. Noch ist das Land nicht zerstückelt, aber der Kommunismus liegt schon im Sterben. Perrine Pelen holt im Slalom und Riesenslalom zwei Medaillen. Ich erinnere mich an ihr kindliches Gesicht, ihr kurzes Haar. David, das Kind in der Plastikbox, stirbt mit zwölf Jahren. Er war mit einem schweren kombinierten Immundefekt geboren worden, war zum Tod im ersten Lebensjahr verdammt. Seine Eltern hatten sich entschieden, ihn in einer sterilen Box zu isolieren. Vor dem Auge der Kameras wurde er zu einer Art Versuchskaninchen. Eine missglückte Knochenmarktransplantation beendet sein tragisches Leben. In Großbritannien traten die Bergarbeiter in Streik. Noch weiß niemand, dass er ein Jahr dauern, mehrere Todesopfer, The Clash inspirieren wird, dass die Streikenden ohne den geringsten Erfolg an die Arbeit zurückkehren werden und Margaret Thatcher die Arbeiterbewegung einkassieren wird. In Frankreich gehen Hunderttausende für den Erhalt der Privatschulen, die sie Freie Schulen nennen, auf die Straße. Das Erschleichen, der Missbrauch dieses Adjektivs macht mich rasend. Mein politisches Bewusstsein erwacht. Indira Gandhi befiehlt die Erstürmung des Goldenen Tempels von Amritsar, sie schickt Panzer zum Heiligtum der Sikhs, wenige Wochen später wird sie von einem Sikh ermordet. Ja, Aids grassiert. Aids, das uns unsere Unschuld rauben wird.

Ich habe das Wort niedergeschrieben: Liebe. Ich habe vorgehabt, ein anderes zu gebrauchen.

Zumindest weil es ein eigentümlicher Begriff ist, Liebe; schwierig zu definieren, zu umgrenzen, zu erfassen. Sie existiert in so vielen Abstufungen, Varianten. Ich hätte es dabei belassen können, zu versichern, dass ich zärtlich angerührt war (und T. verstand es nur zu gut, mich willenlos, gefügig zu machen), dass ich bezaubert war (er wusste wie kein Zweiter zu verlocken, zu erobern, zu schmeicheln und sogar zu verhexen) oder aufgewühlt war (er rief oft eine Mixtur aus Verwunderung und Erregung hervor, verwandelte urplötzlich eine Situation) oder verführt (er lockte mich in seine Netze, überrumpelte mich, überzeugte mich von seinen Ansichten) oder dass ich mein Herz verloren hatte (ich war so wohlgemut, ein Nichts konnte mich begeistern) oder sogar verblendet (ich schob beiseite, was mich bedrückte, ich spielte seine Unzulänglichkeiten herunter, verherrlichte, was ihn auszeichnete), verwirrt (ich war nicht mehr ich selbst), was schon weniger gut klingt. Ich hätte darlegen können, dass es sich nur um Zuneigung handelte, ich mich nur »verknallt« hatte, eine hinreichend schwammige Formulierung, um alles Mögliche zu beinhalten. Aber das wäre nur Geschwätz. Die Wahrheit, die nackte Wahrheit war, dass ich verliebt war. So viel zum genauen Wort.

Dennoch habe ich mich gefragt, ob es eine Erfindung sein konnte. Sie wissen jetzt, dass ich fortwährend erfand und genügend Wahrscheinlichkeit hineinlegte, dass mir schließlich geglaubt wurde (mir selbst passierte es, Wahres und Falsches nicht mehr entwirren zu können). Später habe ich daraus einen Beruf gemacht, ich bin Romancier geworden. Diese Geschichte, hätte ich sie in ihren Einzelheiten ersinnen können? Vermochte ich eine erotische Obsession in eine Herzensleidenschaft zu verwandeln? Ja, durchaus möglich.

Im Juni hatten wir Abitur. Im Juli verkündete uns eine an einer Tafel ausgehängte Liste, ob wir es bestanden hatten. Ich bin bester Dinge, wie man es in solchem Falle ist. T. spielt den Grimmigen, lässt mich wissen: Du hast doch nie gedacht, dass du's nicht schaffen wirst, oder? Du hast wohl nicht einmal gezittert, als du deinen Namen auf der Liste gesucht hast? Sogar die Auszeichnung war dir klar, oder nicht? Ich sage, deswegen muss man doch keine schlechte Laune haben, dass wir den Augenblick genießen können und den schönen Sommer.

Ich habe nicht verstanden, dass das Abi, dass es *das Ende der Geschichte* ist.

Oder ich habe mich vielmehr komplett geweigert, das so zu sehen, habe mich im Verdrängen eingerichtet. Den klugen und schrecklichen Satz, ausgesprochen bereits am ersten Tag, habe ich ausgeblendet: *Weil du fortgehen wirst und wir bleiben werden.*

(Im Nachhinein bin ich von meiner Haltung schockiert. Ich, so vernünftig, so realistisch, wie habe ich es fertiggebracht, das unleugbare, das sichere Ende zu überspielen? Ich vermute, weil ich nicht in Kummer versinken wollte, schon im Voraus.)

Im Übrigen werde ich mich angesichts der Todgeweihten, ihrem vorhersehbaren Verfall auch so verhalten, als ginge das Leben weiter, am Abend vor ihrem Entschwinden werde ich mit meinen Freunden sprechen, als gäbe es ein Morgen, sogar wenn sie kraftlos, bewegungsunfähig an Schläuchen auf ihrem Schmerzenslager liegen, und wenn man mir ihren Tod meldet, wird Ungläubigkeit und Staunen sein.)

T. seinerseits hat nichts vergessen, nichts vertuscht. Ebendeshalb sein verdrossenes Gesicht.

Ich weiß nicht genauer, was sich *tatsächlich* hinter diesem Gesicht verbirgt. Wenn ich es bedenken sollte, würde ich sagen: Melancholie, Trauer, vielleicht, der Anfang von Sehnsucht, die er schnell meistern wird; oder auch gar nichts, denn nur zu gut ist es ihm gelungen, sich nie zu binden. Auf alle Fälle würde ich nicht sagen: Verzweiflung.

Als ich meinerseits die Trennung ermessen werde, werden mich Kummer und reinstes Leiden heimsuchen. Ich habe immer gedacht, ich würde am meisten leiden. Ich habe sogar gemeint, dass ich als Einziger gelitten hätte.

Manchmal, ja, erkennt man nicht die ganze Wahrheit.

Bald nach Bekanntgabe der Abiresultate sage ich ihm: Komm, ich muss dir den Fotoapparat zeigen, den meine Eltern mir geschenkt haben. Er scherzt: Da waren sie sich wohl sicher genug, dass sie dir schon vorher ein Geschenk besorgt haben. Ich zucke die Achseln. Er fügt an: Ist das der einzige Grund, den du gefunden hast, damit wir zu dir gehen, Sex haben, das feiern, hm … ? Ich lache los, ich weiß nicht, dass ich zum letzten Mal mit ihm lache. Das Haus ist leer, mein Zimmer umfängt unsere Zärtlichkeiten. Und dann, ohne nachzudenken, auch ohne viel Aussicht auf Erfolg, schlage ich vor: Wir können eine Tour auf deiner Maschine machen, eine Landpartie, ich kann meine Canon einweihen. Zu meiner großen Überraschung stimmt er ohne Murren zu. Wir starten sofort. Es ist warm, die Sonne blendet. Wir stoppen schließlich in einem Winkel, den ich mag, abseits von allem. Ich knipse die ersten Fotos. Thomas bleibt ein bisschen im Hintergrund, ich vermute, dass ihn mein Eifer amüsiert, er wird sich gleich auf eine kleine Mauer aus hellem Stein setzen, einen Grashalm zupfen, um seine Finger zu beschäftigen, ich drehe mich um und entdecke ihn in dieser Haltung, ich finde ihn schöner denn je. Ich möchte diesen Augenblick verewigen, den Moment seiner Schönheit im jungen Juli, aber ich ahne, dass er Nein sagen wird, wenn ich ihn darum bitte. Und ich verbiete es mir, ihn ohne sein Wissen zu fotografieren. Ich nähere mich langsam, finde mich schon damit ab. Dennoch, fast widerstrebend, zweifellos weil die Lust zu groß ist, spreche ich meinen Wunsch aus. Er zögert, ich erkenne das Zögern in seinem Blick, und erlaubt es schließlich. Ich bin perplex, aber lasse es mir nicht anmerken und beeile mich, das Objektiv einzustellen, bevor er sich eines anderen besinnen würde. Ich mache das Foto. Auf diesem Foto trägt er Jeans, ein kariertes Hemd, dessen Ärmel er hochgekrempelt hat, er hält noch den Grashalm in seinen Fingern. Und er lächelt. Ein unmerkliches, einverständiges Lächeln; liebevoll, glaube ich. Etwas hat mich noch lange danach, wenn mein Blick auf das Bild fiel, erschüttert. Was mich weiterhin erschüttert, wenn ich diese Zeilen schreibe und ihn auf dem Tisch, dort, direkt neben meiner Tastatur betrachte. Was es ist, weiß ich jetzt. Ich weiß, Thomas hat diesem einzigen Foto zugestimmt, weil er verstanden (entschieden) hatte, dass dies unser letzter gemeinsamer Moment wäre. Er lächelt, damit ich sein Lächeln mit mir nehmen konnte.

Und dann folgt die Abreise (meine) zur Île de Ré. Wie jeden Sommer von Kindheit an. Denn sie existierte von Anfang an, die Insel, in meinem Leben. Der Grund? Der beste Freund meines Vaters, den er mit zwanzig während seines Militärdiensts, man sagte damals »Beim Barras«, kennengelernt hatte, lebte dort. Wann auch immer ich in meinen Erinnerungen krame, ist die älteste, auf die ich stoße, jedes Mal die Insel: Ich bin drei Jahre alt, ich trage kurze Hosen, ein bretonisches Matrosenhemd, habe eine kleine Radfahrerkappe auf, sitze auf dem Schoß meiner Mutter vorne auf einem Schiffsbug. Die Sonne lässt mich die Augen zusammenkneifen. Das Schiff ist die Fähre, die zwischen La Pallice und Sablanceaux, dem Festland und der Insel verkehrt. Die Überfahrt dauert zwanzig Minuten. All mein Staunen von damals bin ich nie losgeworden, es berauscht mich noch, wenn ich die Erinnerung daran niederschreibe. Es erklärt die Besessenheit vom Meer, von der all meine Romane zeugen.

Sämtliche Sommer danach verbringe ich also auf der Insel. Vor der Anlegestelle stehen die Autos stundenlang Schlange, geduldig harrt man in der unerträglichen Hitze aus, die Kunststoffsitze kleben an den nackten Schenkeln. Einmal an Bord der Fähre, ist gleichwohl alles vergessen, das Warten, die Feuchtigkeit, man steigt aus dem Auto, und Entzücken greift um sich, man schnuppert die Luft, in der sich Schiffsrauch und Meersalz mischen, lässt den Blick über das blinkende Wasser schweifen. Am anderen Ufer geht es rasch nach Sainte-Marie.

Sie ist beliebt, die Insel, damals: Man zeltet, bezahlter Urlaub, neben den Straßen Klapptische, die runden Paul-Ricard-Sonnenmützen. Nicht gerade die Fortsetzung von

Saint-Germain-des-Prés. Die Steine niedriger Mauern sind dunkel, flaschengrün die Fensterläden.

Nachmittags geht es zum Baden bei Saint-Sauveur, die Strecke wird zu Fuß zurückgelegt, am Weg prangen Pinien. Ich bin vernarrt in diesen Strand, wo es nach Seetang riecht, in dieses lauwarme, diesige Meer. Einmal bin ich übrigens fast ertrunken (woher vielleicht, wer weiß, mein Hang stammt, viele meiner Romanfiguren sich ertränken zu lassen – für mich selbst blieb das Geschehnis folgenlos).

Wenn ich heute Kindern an diesem Strand begegne, sie in den Dünen laufen oder sich auf dem warmen Stein der niedrigen Uferbefestigung ausstrecken sehe, nehme ich sie lächelnd wahr. Ich entsinne mich, dass ich war wie sie, sorglos, unbeschwert, sonnenbeschienen. Seine Kindheit wird man niemals los. Besonders, wenn sie glücklich gewesen ist.

(Bisweilen werde ich es bedauern, dass meine Kindheit, meine Jugend dermaßen ruhig, behütet, so banal verliefen, denn sehr oft soll man ein Trauma vorweisen, das in die frühsten Jahre zurückreicht – ganz so, wie man sich auf der Polizei mit seinen Papieren ausweist –, um zu rechtfertigen, dass man schreibt. Doch keine Vergewaltigung, kein Inzest, keine Erbkrankheit in der Familie, kein unbekannter, kein berühmter Vater, keine Dekadenz, kein schlimmes Leiden, keine Armut, nichts Großbürgerliches, nichts, um damit ein Buch zu füllen, das Anklang findet, nichts, das *Kasse macht.*)

Kurzum. Jener Sommer 1984 sollte wie gewohnt verlaufen. Die weite Buch von Rivedoux tut sich auf, die kleinen Klippen von La Flotte zeigen sich, die Holzstege von Bois-Plage, die Sümpfe von Ars, die felsige Spitze von Saint-Clément. In den Gässchen blühen die Stockrosen, im Wald von Trousse-Chemise knistert Piniengezweig unter den Füßen, Steineichen, die Schutz bieten. Noch immer Vaubans Festungsanlagen, die mich bei eingebildeten Invasionen beschirmten, die Abteiruine ohne Dach, vor der ich mich nachts so fürchtete, der Leuchtturm von Baleines, der schwindelerregend ist. Weiterhin alljährlich Jungen meines Alters, ehedem gingen wir in den Zirkus, jetzt in die Bar. Alles, wie es sich gehört, alles beruhigt.

Nur, dass T. mir fehlt. Er fehlt mir fürchterlich. Und das ändert alles. Haben Sie bemerkt, wie die schönsten Landschaften reizlos werden, sobald unsere Gedanken es vereiteln, sie gebührlich zu würdigen?

Ich schreibe keinen Brief, noch weniger eine Ansichtskarte, er hat es mir verboten. Ich rufe, worauf er bestanden hat, nur ganz selten an. Tagsüber arbeitet er ohnehin auf dem Feld, er ist nicht erreichbar. Ich weiß nicht, was er abends macht, ich will es nicht wissen. Dann fährt er nach Spanien, wiederum bei ihm Tradition. Ist damit vollkommen aus der Welt.

Anfang August schlafe ich mit einem Jungen, der auf dem Campingplatz von Grenettes zeltet. Dort lieben wir uns, im Zelt, in der Enge, auf einem Schlafsack, der nach Schweiß riecht. Ich habe mich wegen seines blonden, von Salz und Sonne noch helleren Haars, wegen seiner grünen Augen zu ihm aufgemacht, und weil es einfach war. Ich suche weder Ablenkung, noch will ich meinen Kummer besänftigen, ich suche auch keinen anderen, nein, wirklich, ich gebe der Gelegenheit nach, das ist alles.

Dieser andere Körper, so anders als der von T., irritiert mich. Er macht mich orientierungslos, das ist unangenehm. Doch angenehm auch.

Als ich um den 15. August nach Barbezieux zurückkehre, rufe ich T. an. Ich gerate an seine Schwester, Nathalie, jene, die eine Sekretärinnenausbildung macht. Mit monotoner Stimme sagt sie mir: Er ist in Spanien geblieben, wir haben dort Verwandtschaft, ich weiß nicht, ob Sie's wissen (sie siezt mich, sie weiß nicht, wer ich bin, sie plappert vor sich hin, ich glaube, sie ist mit etwas anderem beschäftigt, sie lackiert sich die Nägel, frisiert sich), sie haben ihm vorgeschlagen, bei ihnen zu arbeiten, er hat Ja gesagt, er wollte keine Schule mehr, weder hier noch da.

In meinem Kopf lärmt es, als sie zu Ende gesprochen hat. Der Lärm ist die Sirene des Schiffs, dessen Taue sich lösen, das sich vom Festland entfernt. Ja, dieser Lärm, ich schwöre es. Ein herzzerreißendes Schreien. Ich weiß nicht, warum.

Eines Tages werde ich über Schiffe schreiben, die ablegen, und über die Abschiedsschreie, die sie ausstoßen, wenn sie Kurs aufs offene Meer nehmen, ich werde die Geschichte einer Frau auf dem Hafenkai von Livorno schreiben, die Schiffen beim Ablegen zuschaut. Ich werde mich genau an jenen dumpfen Sirenenton erinnern, den ich im Ohr hatte, als der Sommer 1984 zu Ende ging. Ein Dröhnen, das nach und nach verklingt.

Sodann, völlig anders. Kein Lärm mehr, sondern ein körperliches Gefühl, ein Stoß, wie ein Aufprall. Der Verunglückte bin ich, den Helfer aus einem Schrotthaufen ziehen, eilig auf einer Tragbahre schaukeln, in einen Krankenwagen heben, in einer Notaufnahme abliefern, dem diensttuenden Arzt anvertrauen, der Schwerverletzte, der sofort operiert wird, weil er verblutet, seine Gliedmaßen zerschmettert sind, Verletzungen hat, dann der geflickte, vernähte, eingegipste Überlebende, der langsam aus der Betäubung erwacht, noch die Wirkung von Chloroform spürt, aber schon von ersten der kommenden Schmerzen heimgesucht wird, der Erinnerung an den Albtraum, sodann der verwirrte Genesende, der sich nicht zurechtfindet, kraftlos, willenlos, der sich manchmal fragt, ob es nicht besser gewesen wäre, wenn er beim Aufprall draufgegangen wäre, doch der wieder auf die Beine kommt, denn es passiert oft, dass man gesundet.

Ja, dieser übliche Vergleich trifft es am besten.

Am Ende der Ferien im September verlasse ich Barbezieux. Ich ziehe ins Wohnheim der Michel-de-Montaigne-Fachoberschule in Bordeaux. Ich komme in die Vorbereitungsklasse für die Pariser Hochschule für Betriebswirtschaft. Ich beginne ein neues Leben. Ich übertreffe die Hoffnungen, die man in mich gesetzt hat, ich beuge mich dem Ehrgeiz, der von mir erwartet wird, ich beschreite den Weg, den man mir vorgezeichnet hat. Ich füge mich wieder ein. Ich lösche Thomas Andrieu aus.

Kapitel zwei

2007

Noch immer Bordeaux. Mehr als zwanzig Jahre sind vergangen. Die Stadt hat sich verwandelt. Als ich achtzehn war, war sie dunkel, die Gemäuer wie verrußt. Jetzt ist sie hell, die Fassaden wurden gereinigt, Ockerton herrscht vor. Sie war abweisend, zerfiel. Nun hat sie sich geöffnet, Jugend hat ihre Viertel in Beschlag genommen, abends hat sie sogar etwas Spanisches, das rührt von den vielen Leuten auf den Plätzen oder in den Straßencafés, vom Klang der Gläser beim Anstoßen, von den Gesprächen, die leichter Wind heranträgt, von der guten Laune. Die Bürgerschaft war damals vergreist, nun ist sie frisch und zwanglos. Doch vor allem hat die Stadt seither ihren Fluss wiederentdeckt, seine Kais umgestaltet und herausgeputzt. Zuvor verfielen dort Schlachthöfe, Unkraut wucherte, Stacheldraht, Schlamm, Sie machen sich keine Vorstellung. Doch sehen Sie jetzt nur, wie elegant, diese Uferanlagen, Rasen, Platanen, der sogenannte Wasserspiegel gegenüber der Place de la Bourse und direkt davor die Straßenbahn.

Ich bin Schriftsteller geworden. Ich bin zu einer Diskussion und einer Signierstunde in einer Buchhandlung angereist. Man kommt auf meinen jüngsten Roman zu sprechen. Sie sind mein Leben geworden, die Bücher. Es ist zu spät, um heute Abend nach Paris zurückzufahren, kein Zug mehr, mir wurde ein Hotelzimmer reserviert, unweit der Esplanade

Tourny. Morgen früh soll ich noch eine Journalistin treffen, und ich werde die Stadt ein bisschen genießen können, vielleicht einfach an der Garonne bummeln, bevor ich dann wieder aufbreche, heim zu mir.

Es ist exakt dieser Morgen. Das Gespräch verebbt allmählich, als ich einen Umriss erblicke, mit seinem Koffer den jungen Mann von hinten, der das Hotel verlässt. Und ich sehe *die Erscheinung, die es nicht geben kann,* und rufe den Vornamen. Ich stehe abrupt auf, um den Jungen auf dem Gehsteig einzuholen, ihn an die Schulter zu fassen, er dreht sich um.

Und er ist es *beinahe.*

Sagen wir, die Ähnlichkeit ist atemverschlagend und mehr noch. Sie ist es in einer Weise, dass es mir kalt den Rücken hinunterläuft, dass mir schwindelig wird, ich für Augenblicke leicht taumele, ich schnappe nach Luft (dergleichen Situation wirkt sich physisch aus, bis ins Mark, so, wie Lebensgefahr panische Angst mit hektischem Bewegen, Verkrampfung hervorruft).

Die gleichen Gesichter, derselbe Blick, erschreckend. Beängstigend.

Doch ein winziger Unterschied, der wahrscheinlich mit der Gesamterscheinung oder mit dem Lächeln zu tun hat, besteht.

Und dieser winzige Unterschied lässt mich wieder zu Sinnen kommen, vernünftig werden.

Als ich klar denken kann, sage ich zu dem jungen Mann nicht: Entschuldigung, ich habe mich geirrt, ich glaubte, jemanden wiedererkannt zu haben. Ich sage auch nicht: Wenn Sie wüssten, wie sehr Sie jemandem ähneln, den ich vor langer Zeit gekannt habe. Ich sage: Du bist das *vollkommene Ebenbild deines Vaters*. Wie aus der Pistole geschossen antwortet er: Das höre ich dauernd.

Dann bleiben wir ohne ein weiteres Wort stehen. Ich betrachte ihn, wie ich ein Gemälde betrachten würde. Das heißt, ich spähe nach Details, verharre, benehme mich, als lebte er nicht, als ob er wiederum nicht mich musterte. Ein Abbild, wahrlich.

Mein Körper beruhigt sich.

Mein Prüfen muss dem jungen Mann peinlich sein. Am besten sich dem entziehen. Oder er hält es sogar für unverschämt, plump. Doch nein, er findet es eher unterhaltsam, er lächelt. Ich hatte recht: Das Lächeln ist nicht exakt dasselbe.

Ich frage, ob er es eilig oder, ganz im Gegenteil, Zeit für einen Kaffee habe. Ich höre mich selbst die Frage stellen, die mir herausrutscht, gedankenlos entschlüpft, die ich nicht bedenke, die mein gebieterisches Verlangen beweist, dieses wundersame Kind dazubehalten, es keinesfalls abreisen zu lassen, um es, kein Zweifel, dringlich auszufragen, die immense Leere von dreiundzwanzig Jahren zu füllen. Mir bleibt keine Zeit, diese eigenartige Begierde widersinnig zu finden, noch weniger kann ich sie selber deuten oder erschrecken. Es ist gesagt, gegen meinen Willen, nun muss man sehen.

Er sagt, sein Zug gehe in einer Stunde, dass er noch *ein bisschen* bleiben könne. Sofort wundert es mich wiederum, dass er der Bitte eines Fremden so leicht nachgibt: Ich hätte es nicht getan, ich hätte mich dem Verhör entzogen, ich wäre meiner Wege gegangen, in meine Abgeschiedenheit zurückgeschlüpft.

Natürlich hat er verstanden. Er weiß, woher mein Interesse an ihm rührt. Aber warum genügt das, ihn zum Bleiben zu veranlassen? Umso mehr, als er selbst gesagt hat: Auf diese Ähnlichkeit werde er oft angesprochen, das könnte ihn allmählich langweilen. Er wirkt nicht gelangweilt. Lächelt weiter. Und liefert selbst die Erklärung, weshalb er auf meine Einladung eingeht. Er sagt: *Sie müssen ihn sehr gemocht haben, wenn Sie mich so anschauen.*

Wir setzen uns dorthin, wo ich mit der Journalistin Platz genommen hatte. Ich beende, recht unhöflich, das Treffen mit ihr. Ich bleibe mit dem jungen Mann allein. Ich sage: Ich kenne nicht einmal deinen Vornamen. Er sagt: Lucas (und als gäbe es den Zufall nicht, beunruhigt mich dieser Name, den ich so oft in meinen Büchern benutzt habe). Ich sage meinerseits, wer ich bin. Er ergänzt: Sie sind ein Jugendfreund meines Vaters, nicht wahr? Ich vernehme die Bezeichnung, finde sie schön, falsch, aber schön. Ich sage: Ja, genau … ein Jugendfreund …

Der Satz bleibt unvollendet. Wegen der Stimme, die eine andere wachruft, wegen der Gestik auch, die berückend ähnlich ist, kehrt das Gefühl zurück. Es kümmert mich nicht, dass sie ein Erbteil ist, übernommen wurde.

Ich frage, ob es Thomas gut geht. Ich sage natürlich nicht: Thomas. Ich sage: Deinem Vater. Die Frage erweckt den Anschein einer angemessenen, höflichen Erkundigung, eines unerlässlichen Übergangs, selbstverständlichen Beginns. Für mich ist sie gleichwohl etwas völlig anderes: existenziell vielleicht. Mein Gegenüber weiß das Gott sei Dank nicht, vernimmt nur Höflichkeit. Er lächelt wieder mit einer Mischung aus Hellhörigkeit und Staunen. Er sagt: Schwierig zu sagen, ob es ihm gut geht, er ist so verschlossen … War er das schon damals, zu Ihrer Zeit? Ich erfasse das »zu Ihrer Zeit«, das ohne Boshaftigkeit ausgesprochen wurde, doch meine Jugend in ferne Zeiten entrückt, sie als Kuriosum, ein Studienobjekt, Absonderliches erscheinen lässt. Ich antworte, dass er nie gesprächig war, wirklich nicht, von seinem Wesen her eher zur Schweigsamkeit neigte, sich zumindest immer zurückhielt. Lucas macht einen ganz anderen Eindruck: Er wirkt munter, offen dem anderen gegenüber, nicht wild. Er hat das Wilde nicht geerbt.

Ich frage, ob er noch immer am selben Ort wohnt, bin von meiner eigenen Zudringlichkeit überrascht. Der Sohn bestätigt: Natürlich! Können Sie sich ihn woanders vorstellen? Mein Vater gehört zu jenem Typ, der sich nicht verpflanzen lässt. Der stirbt, wo er geboren wurde. Aus einem Abwehrreflex sage ich: Und bei dir ist es nicht so? Er bestätigt: Unser einer schaut sich gerne um. Ist doch normal, in meinem Alter, oder? Ich stimme ihm vorderhand zu. Und dann mache ich ihn darauf aufmerksam, dass sein Vater sich einmal aufgemacht hat, sogar er, eines Tages, weil er in Spanien Arbeit gefunden hatte, damals. Ich füge hinzu: Genau da haben wir uns aus den Augen verloren, er und ich. Die letzten Worte spreche ich so nüchtern aus wie möglich, als wäre das Leben eben so, ganz einfach, miteinander zu schaffen zu haben und sich aus dem Blick verlieren und weiterleben, als wenn es kein Zerbrechen, keine Trennungen gäbe, die einen aushöhlen, keine Brüche, von denen man sich kaum erholt, keinen Kummer und keine Sehnsucht noch lange danach.

Der Sohn korrigiert: Nach Galicien, was nun auch nicht gerade Peru ist. Eher nebenan. Und überdies zu unserer Familie. Also es gibt schon eindrucksvollere ferne Winkel.

Ich bemerke den Elan und die Unbefangenheit einer Generation, die auf einem geschrumpften Planeten aufgewachsen ist und für die eine Reise keinerlei Aufbruch ins Ungewisse, sondern ein gängiges Abenteuer ist und für die Sesshaftigkeit einen verschleierten Tod bedeutet. Ich sehe das Weltkind. Mir kommt in den Sinn, dass sein Leben wahrscheinlich anders verlaufen wäre, wenn sein Vater auch so gedacht hätte. Wenn er nicht *in einer anderen Epoche* gelebt hätte. Und wenn er es fertiggebracht hätte, sich von seinen Fesseln zu befreien.

Das Kind fügt an: Gut, ganz simpel, ohne seinen spanischen Einschub (Einschub: Der Begriff lässt sich wohl nicht passender verwenden?) wäre ich nie auf die Welt gekommen. Mein Gesicht zeigt Unverständnis. Er räumt damit gleich auf: Dort unten hat er meine Mutter kennengelernt.

Sodann lässt er die Geschichte ablaufen.

Gemeinsam mit Onkeln und Cousinen wurde Thomas auf einem großen galicischen Landbesitz angestellt. Es hieß von ihm, er arbeite hart, gebe alles, er scheue auch bei unerträglicher Sonne oder sintflutartigen Regengüssen keine Arbeit, er beginne frühmorgens, höre als einer der Letzten auf, die Männer waren stolz auf ihn. Seine Tante meinte, er lade sich zu viel auf. Erkannte sie, dass es für einen Achtzehnjährigen, der weiter die *Schulen hätte besuchen* können, nicht ganz normal war, sich allein mit seiner Muskelkraft, seinem Körper dermaßen in die Fron zu stürzen? Hat sie gemerkt, dass solcher Furor eine Methode war, sich selbst zu vergessen, aufzulösen, auch sich etwas zu beweisen, willentlich zu leiden? Ich werfe diesen Gedanken ein, Lucas seinerseits belässt es bei einem Jungen, der unter unmenschlichen Bedingungen ackert. Vor meinen Augen entfaltet sich das Heldenbild.

Eines Abends erblickt Thomas auf einem Dorffest, inmitten des Bannerschmucks, während ein Akkordeon wüst jault, ein Mädchen. Sie ist siebzehn, sie heißt Luisa, ihre Haut ist dunkel, er geht auf sie zu. Hier nun, denke ich, ist die Geschichte umgedichtet worden, die Szene kann nicht so kinohaft ablaufen, in den vielen Jahren seither ist sie wieder und wieder erzählt worden, wobei gewiss eine Art Legende über den Ursprung der Familie entstanden ist. Ich vermute, es war nicht Liebe auf den ersten Blick, sondern schlichtweg Wein, eine warme Nacht, flatternde Falter, die Eingebung, dass nichts wirklich wichtig und alles möglich ist, was übrigens mindestens so viel taugt wie ungestümes Begehren. Und dann weiß ich vor allem auch, dass Thomas sich dem Mädchen nicht ungezwungen nähern kann, dass er unweigerlich von seinem Schamgefühl zurückgehalten wird und diesem *ich bin anders*; sie ist es, die seine Hemmungen bezwingen musste und es verstand, mit seiner Scham und seiner Furcht umzugehen.

Und ich weiß auch, wie sehr man sich verleugnen muss, um all den anderen zu gleichen. So spielte es sich in der galicischen Nacht, der Nacht mit den Schmuckbannern ab.

Es hätte keinen nächsten Tag geben müssen. Wäre es doch so gekommen.

Ich denke an all die jungen Männer, denen ich für ein paar Stunden begegnet bin, angetrunken, unter Drogen, und die ich nie wiedergesehen habe, die in wilden Nächten umarmten und im Morgengrauen entschwundenen Körper, jene Blicke, die meinen erfassten und die ich gleich nach der Lust vergessen habe. Ich selbst war für diese Jungen nur ein Zwischendurch, ein flüchtiger Liebhaber, ein ungefährer Vorname; wie viele erinnern sich tatsächlich an mich?

Ich glaube, dass Jugend Ungebundenheit bedeutet, zu nichts verpflichtet.

Trotzdem sehen sich die beiden wieder. Kommen einander näher.

Ich bin überzeugt, dass Thomas sich zwingt. Man wird mir vorwerfen, ich weigerte mich zu sehen, dass er einen anderen Weg einschlägt, seine Richtung ändert oder einfach einem ihm bis dahin unbekannten Gefühl erliegt, und ich uneinsichtig oder eifersüchtig oder erzürnt wäre, und doch bleibe ich bei meiner Meinung. Um Zorn handelt es sich nicht, ja, ich bin überzeugt davon, er macht sich mit demselben sturen Eifer ans Werk wie bei seiner Arbeit. Derselbe Aufwand, sich zu vergessen und auf den rechten Pfad, den ihm seine Mutter gewiesen hat, zurückzufinden, den einzig gangbaren. Glaubt er zum Schluss selbst daran? Das allein ist die Frage. Eine grundlegende Frage. Falls die Antwort Ja lautet, so mag im

Laufe der Jahre alles ins Lot kommen. Falls die Antwort Nein lautet, ist man zu endlosem Unglück verdammt.

Dann entscheidet der Zufall, wollen wir es so nennen, für beide, für ihn. Luisa wird schwanger. Ungeschick, Pech, Leichtsinn, was auch immer, ein Kind wird erwartet. Ein Kind, das nicht abgetrieben werden wird, das im Mutterleib wachsen wird. Wir sind im katholischen Spanien, mit derlei scherzt man nicht.

Das zufällige Kind erzählt es mir selbst so. Es weiß, dass es kein Wunschkind war, dass es gezeugt wurde, als seine Eltern sich noch kaum kannten, beide noch blutjung waren, ihre Wege sich vermutlich wieder getrennt hätten, wenn es nicht passiert wäre. Er weiß, dass er in einem anderen Land, einer anderen Kultur, zu einer anderen Zeit nie zur Welt gekommen wäre. Er sagt: Aber gut, nicht meine Schuld, so ist es eben. Er fügt an: Und dann glaube ich, dass ungewollte Kinder nicht unbedingt übler heranwachsen als andere. Er hat nicht unrecht.

Auch ich bin kein Wunschkind, bin ein Versehen. Meine Mutter war zwanzig, als sie mit mir niederkam. Mir wurde alle Liebe zuteil.

Als sie von der Schwangerschaft erfährt, ordnet die Mutter von Thomas – sonst sanft und zurückhaltend – die Hochzeit an. Zwei Monate später findet sie statt, in der Kirche von Vilalba. Man stellt sich nicht gegen den Ukas einer Frau, die ihr Leben lang kaum einen aussprechen wird, gegen den Willen einer Frau, die sonst fast nichts einfordert.

Und Thomas in der ganzen Geschichte? Er rebelliert nicht, davon bin ich überzeugt. Keine Chance (diejenigen, die ihm den *rechten* Weg weisen, sind mächtig, viel bestimmender). Höchstwahrscheinlich hat auch er keine Lust dazu (sie sind so glücklich; der Vater, der sich sagt: Mein Sohn wird den Hof weiterführen, seine Mutter, die sich freut, dass ihr Sohn die Geschichte von vor zwanzig Jahren wiederholt: eine junge Spanierin heiraten). Im Grund entscheidet das Schicksal für ihn, es lässt es geschehen, fügt sich. Vielleicht sagt er sich auch: Das ist ein Wink des Schicksals, diese Verkettung von Umständen war nötig, um der Abirrung zu entkommen, um alles in Ordnung zu bringen. Im Frühling wird Hochzeit gefeiert.

Lucas sagt: Ich habe die Hochzeitsfotos gesehen, meine Mutter hat sie in ein Album sortiert, sie schaut sie regelmäßig an, sie muss an ihren Jugenderinnerungen hängen.

(Oder sie verwechselt Jugend mit Glück; die Verwechslung kommt oft vor.)

Auf den mehr als zwanzig Jahre alten Abzügen: die jugendlichen Eheleute auf den Kirchenstufen, im Festtagsstaat, unbeholfen, Reiskörner, rundum die Familie. Das Paar in einem Garten, unter einem Bogengang, von dem die Glyzinien hängen, ihre Hände umschließen fest einen Blumenstrauß, er steht ganz aufgereckt. Der Umtrunk und im Hintergrund das Gehöftgemäuer, eigentümlich keltische Landschaften, die einen möglichen Aufbruch vortäuschen. Der abendliche Schmaus, die großen Tische, das schöne Gemeinschaftsgefühl. Die Tanzschritte unter den Girlanden, die Glühbirnen in sämtlichen Farben, das Versprechen glücklicher Tage.

Lucas fügt hinzu: Trotzdem gibt es etwas, das mich bei den Fotos, als ich sie genau anschaute, erstaunt hat – mein Vater sieht oft traurig aus. Ich vermute, er konnte schon damals nicht auf Befehl lächeln.

Ich glaube, die Traurigkeit rührte gewiss nicht aus einem Trotz gegenüber einem eifrigen Fotografen, aber natürlich verbiete ich mir das zu behaupten.

Und ich sage mir: Falls sie bereits da war, diese Traurigkeit, seit den ersten Stunden der Ehe, falls sie bereits so stark war, dass sie nicht verborgen bleiben konnte, sogar in den Augenblicken engster Verbundenheit, während des frohsten Festes, dann wird er bedrückt gewesen sein, all die Jahre, die folgten, schwer bedrückt, denkbar schwer.

Der junge Mann fährt fort: Ich verstehe, weshalb gesagt wird, ich ähnele ihm. Auf den Fotos habe ich das Gefühl, mich zu sehen. Nur mein Lächeln fehlt.

Ich erinnere mich, in einem Bücherregal auf ein vergessenes Passbild gestoßen zu sein, im Haus in Barbezieux. Und nachgedacht zu haben: Wann ist dieses Foto gemacht worden? Zu welchem Zeitpunkt, bei welcher Gelegenheit, wie alt war ich wohl? Ich kam darauf, dass ich dieses Foto für meinen Ausweis gebraucht hatte, vor einigen Jahren; man benützt nie alle Abzüge einer Viererserie, es bleiben davon immer ein oder zwei übrig, die man lange Zeit danach in einer Schublade findet oder aus einem Portemonnaie zieht, meistens rein zufällig. Bevor meine Mutter, der ich es zeigte, scheinbar gefasst anmerkte: Das bist nicht du, es ist dein Bruder, erkennst du seinen Pullover nicht? Ich brauchte einige Minuten, mich davon zu erholen, dass ich angenommen hatte, das Gesicht eines anderen zu haben. Dass ich nur eine Kopie war, eine Blaupause.

Er sagt, er hätte nie geahnt, dass man von einem Elternteil alles erben kann und vom anderen nichts. Ich gebe zu bedenken, dass seine Brüder und Schwestern, falls er welche hat, vielleicht nach der Mutter geraten sind, alles sich vielleicht in dieser Weise verteilt habe. Er klärt mich auf, der einzige Sohn zu sein, nach ihm kamen keine Kinder mehr, Schluss war, seine Mutter wollte, aber sein Vater nicht, dabei blieb er, gab nie nach, was nichts daran änderte, dass seine Mutter sich darüber beklagte, manchmal vor Leuten, wobei der Blick seines Vaters starr wurde, wie von kalter Wut erfüllt.

Er flüstert (er spricht tatsächlich um ein, zwei Dezibel leiser, seine Stimme ist fast lautlos, als gäbe er ein Geheimnis preis oder als stockten ihm die Worte), er murmelt, dass er gerne eine kleine Schwester gehabt hätte und er als Kind dann nicht so allein gewesen wäre. Er spricht von Jahren der Einsamkeit auf dem Gehöft. Um ihn herum nur Erwachsene. Und Felder bis zum Horizont.

Er korrigiert sich auf der Stelle. Die Schwester seines Vater, war manchmal wie eine kleine Schwester für ihn, weil sich fortwährend um sie gekümmert werden musste, sie nicht allein zurechtkam, weil man sich gebraucht fühlte, wenn man sich mit ihr beschäftigte, weil das Leben mit ihr wie in einer Märchenwelt war, sie hatte Eingebungen voller Poesie, plötzlich großartige Ideen, erfand ganze Welten. Er berichtet mir, dass sie in einer speziellen Einrichtung untergebracht wurde, dass sein Vater, den Tod in der Seele, sich dazu entschließen musste. Dort lebt sie weiterhin.

Ich schließe daraus, dass Thomas nach Frankreich zurückgekehrt war, um bei seinem Vater zu arbeiten. Lucas sagt Ja, genau so war es. Vorbei mit Spanien, mit der Jugendzeit. Von nun an die Charente, die Ehefrau, der heranwachsende Sohn, die behinderte Schwester, das Weinfeld, das Vieh.

Ich frage ihn, ob er heute noch immer seinem Vater ähnelt. Er sagt: O ja! Er hat sich nicht verändert, wissen Sie. Es ist geradezu unheimlich, sich so wenig zu ändern, so langsam zu altern. Wenn Sie ihn sähen, würden Sie ihn sofort wiedererkennen.

Die Vorstellung eines sich gleichgebliebenen Thomas, den die Jahre nicht dick werden ließen, verwüstet haben, beruhigt mich. Ich kenne so viele Männer, bei denen, oft so um die dreißig, das Gesicht gröber wird, die Fett ansetzen, deren Haar sich lichtet. Rar diejenigen, die dieser Falle entkommen. Bei mir selbst hat die Zeit ihre Spuren hinterlassen, ich bin keineswegs mehr der Jugendliche vom Pausenhof eines Gymnasiums an einem Wintermorgen, dahin das Magere, das Gesicht hat sich verwandelt, das Haar ist kurz geschnitten, die ganze Erscheinung ist spießiger, nur die Kurzsichtigkeit ist geblieben, die Brille vor dem direkten Blick.

Die Aussicht, vom Sohn absichtslos eröffnet, ohne genaueren Plan, aber dennoch wachgerufen, nämlich seinen Vater *wiederzusehen*, beunruhigt mich. Diese Möglichkeit stand nie zur Debatte. Sehr bald, mit achtzehn, erfahre ich, dass er nach Spanien zieht, während ich ein neues Leben beginne, das mich von Bordeaux über die Normandie nach Paris führen wird, ich akzeptiere, dass alles, was wir erlebt haben, unrettbar vergangen ist. Ich bin mir dieser Unwiderruflichkeit gewiss.

Sein »Wenn Sie ihn sähen« kommt also nicht in Betracht. Es gehört ins Reich der Schimären.

(Ich stelle richtig. Denn ich log soeben. Belog Sie. In Wahrheit dauerte es lange, sogar sehr lange, bevor ich mich zu einem Abschied entschloss, bevor ich es hinnahm, dass alles verloren war. Lange hoffte ich auf ein Zeichen. Ich zählte auf Bedauern, auf Reue. Ich wollte eine neue Begegnung heraufbeschwören. Ich begann Briefe, die ich nicht abgeschickt habe. Die Sehnsucht erlosch nicht wie ein Streichholz, das man ausbläst, sie verzehrte sich. Wahr ist, dass ich am Ende verzichtete. Die Möglichkeit, wieder zusammenzufinden, verschwand.)

Lucas schaut auf die Uhr, und ich bemerke, es ist jene, die Thomas trug, die Casio mit Ziffernanzeige. Er bemerkt meine Überraschung, ohne sie einordnen zu können, sein Vater nackt an mir in einem Bett, vor einem Vierteljahrhundert. Er behauptet, die Uhr sei *vintage*, und diese alten Sachen kämen in Mode, er dreht das Handgelenk, geradezu stolz auf das Stück. Er sagt: Ich muss jetzt los, sonst verpasse ich meinen Zug.

Doch ich will das Zufallskind nicht verlieren, nicht jetzt schon und nicht auf diese Weise. In den hastigen Aufbruch hinein schlage ich ihm vor, ihn zum Bahnhof zu begleiten. Ich sage: Wir nehmen ein Taxi, dann sind wir gleich da, und es ist bequemer für dich. Er nimmt die Einladung an, ohne zu zögern.

(Spielt in meine Aufgeregtheit ein Hauch von Verlangen mit hinein? Und wäre es so peinlich? Da Thomas mir sozusagen als Ebenbild zurückgegeben ist, wäre es da so verwunderlich, dass mein Verlangen sozusagen ebenfalls neu entfacht ist?)

Wir gehen bis zum Grand Théâtre, finden leicht ein Taxi, fahren die Rue de l'Esprit-des-Lois bis zur Place des Quinconces hinunter, gelangen auf die Uferstraße, passieren die Börse, das Fassadenocker ist sehr gelblich, die Morgensonne spiegelt sich in den hohen Fenstern, Signale, könnte man meinen, die blenden sollen, es geht die Garonne entlang, ich kann nicht umhin, an all die jungen Menschen zu denken (bin ich deswegen verrückt), die hier, ohne eine Erklärung zu hinterlassen, ertränkt aus dem Wasser gezogen wurden, vermisste, ein paar Wochen später gefundene Jungen, über die man nie erfuhr, ob sie von einer Brücke gesprungen oder unglücklich vom Kai abgerutscht, ob sie in die Wasserwirbel gestoßen worden waren. Ich werde irgendwann versuchen, ein Buch über unerklärliches Verschwinden, die Geheimnisse dieser Tode zu schreiben. Wir fahren am Viertel Saint-Michel vorbei, wo ich als Schüler des Lycée Montaigne viel unterwegs war, Erinnerungen werden wach, an manche schwankende Rückkehr im Morgengrauen, ich hätte einer der Jungen im Wasser sein können, wir kürzen durch einige dunklere Straßen ab, die noch nicht saniert sind, fädeln uns in den Cours de la Marne ein und erreichen schließlich den Bahnhof Saint-Jean. Der Vorplatz gleicht in nichts mehr dem zu meiner Zeit.

Er war schmutzig, zugig, verrufen, heute gleitet eine funkelnde Straßenbahn lautlos über den Vorplatz.

Auf der Fahrt sage ich: Ich habe dich nicht einmal gefragt, was du hier machst, in Bordeaux. Er erklärt, er sei nur auf der Durchreise, nach einem Vorstellungsgespräch wegen eines Praktikums in einem Schloss im Médoc. Weil das Gespräch erst gestern Abend stattfinden konnte, habe er über Nacht bleiben müssen, er fahre jetzt zurück nach Nantes, wo er studiere. Ich sage: Du willst in einer Winzerei anfangen? Er lacht laut auf. Er sagt, nein, er möchte in den Export.

Wir betreten den Bahnhof, im Getöse erkenne ich den rosafarbenen und bräunlichen Marmor wieder, die Treppen hinauf zur Wandelhalle. Ich hätte mich vielleicht im Taxi von ihm verabschieden sollen. Ich war überrascht, wie er darauf beharrte, ihn auf den Bahnsteig zu begleiten, ich war gern bereit. Ich frage ihn, ob der Zug, auf den er wartet, noch immer ein Corail ist. Er bejaht. Ich nahm diesen Zug, wenn ich freitagabends von Bordeaux übers Wochenende nach Hause fuhr. Ich erinnere mich an die Schiebetüren und die Faltbälge zwischen den Waggons (man sagte nicht Wagen), an den Krach, wenn man von einem Waggon in einen anderen wechselte, den strengen Toilettengeruch, eine Mischung aus Urin und reichlich Desinfektionsmitteln, an die engen Gänge entlang der geschlossenen Abteile, in denen man zu acht sitzen konnte, an Leute, die rauchten, Soldaten, die mit einem Urlaubsschein zwei Tage ihren Standort verließen, ihre Uniformen, ihr olivgrünes Gepäck, ihre lockere Männlichkeit. Ich erinnere mich, wie lang mir die Strecke vorkam, obwohl sie es gar nicht war, aber der Zug hielt an jedem Bahnhof, endlos schien das. Ich vertrieb mir mit Büchern die Langeweile, ich habe Duras gelesen, ich habe im Corail, inmitten der jungen Soldaten, Guibert gelesen. Ich stieg in Jonzac, dem Barbezieux nächstgelegenen Bahnhof, aus (in Barbezieux gab es keinen Bahnhof, sie hatten ehedem gegen einen gestimmt), meine Mutter erwartete mich im Auto auf dem Parkplatz. Sie hatte keinen Schimmer von Guibert, den jungen Soldaten. Oder zumindest tat sie so, und wir erwähnten nichts.

Ich denke daran, dass Lucas gleich in Jonzac halten wird. Aber auch in Châtelaillon-Plage, diesem aus der Mode gekommenen Badeort, wo ich ein Haus besitze, eine Hals über Kopf gekaufte Villa am Meer, die eines Tages meine *Maison atlantique* werden wird. Die Natur um mich herum war für mich literarisch immer am anregendsten gewesen.

Er kann meinem Gedankengang nicht gefolgt sein. Und trotzdem höre ich plötzlich: Sie haben mir eigentlich gar nicht gesagt, ob Sie gerade an einem neuen Buch arbeiten …

Ich starre ihn an, verblüfft. Zwischen rosafarbenem und bräunlichem Marmordekor, dem wirren Kommen und Gehen, schaue ich das Kind an, als würde ich es erst jetzt erkennen, als wäre alles, was ich von ihm zu wissen meinte, falsch gewesen. Er ist nun gar nicht mehr kindlich, dahin die Unschuld, die so gut zu ihm passte.

Wir geben das Bild zweier regloser Männer inmitten einer bewegten Menge ab.

Ich sage: Du weißt, dass ich schreibe?

Er sagt: Ich weiß, wer Sie sind. Ich wusste es in dem Moment, als Sie vor mir standen, am Hotel, auf dem Gehweg.

Er sagt das ohne Wichtigtuerei, doch selbstbewusst.

In diesem Augenblick meine ich, dass er mich vielleicht einmal im Fernsehen gesehen hat und ein hervorragendes Gedächtnis besitzt. Möglicherweise hat er eines meiner Bücher gelesen, aber das glaube ich eher nicht; Männer um die zwanzig lesen meine Bücher nicht, oder nur ganz wenige.

Er beendet meine Spekulationen: Mein Vater hat Sie mir gegenüber erwähnt. Als Sie eines Tages im Fernsehen waren, sagte er, dass er Sie im Gymnasium öfter getroffen hätte.

Er entsinnt sich, wie merkwürdig er ihm plötzlich vorgekommen war, geradezu aufgewühlt, und ebendas habe ihn verwundert, da er seinen Vater immer nur ruhig erlebt hatte. Der Sohn führt die Erregung auf die Überraschung, die Verblüffung zurück. Nicht täglich erscheint jemand, den man kennt, im Fernsehen. Und auch nicht alle Tage taucht ein Mensch aus Ihrer fernen Vergangenheit auf, völlig unvermittelt.

Ich sage: Aber wie konntest du dich an mich erinnern? Wenn du mich nur dieses eine Mal gesehen hast, mit ihm zusammen.

Er stellt richtig: Ich habe Sie mehrmals gesehen. Wenn die Fernsehzeitung Sie in einer Sendung ankündigte, haben wir geschaut.

Vater befahl, still zu sein, Mutter zog sich lieber in die Küche zurück, hatte dort zu tun. Das interessierte sie nicht sonderlich, Schriftsteller, das Leben ihres Mannes, bevor er sie kennengelernt hatte. Das Kind blieb. Es traute sich nicht, Fragen zu stellen. Es ahnte, dass sein Vater ihm nicht geantwortet hätte. Aber es blieb dabei. Es behielt mehr den Vater, der in den Fernseher starrte, als den Bildschirm im Auge.

Er sagt: Er las Ihre Bücher, er, der sonst nie ein Buch gelesen hat.

Er merkt an, dass die Bücher sich im Haus befinden, irgendwo verräumt, wahrscheinlich in einem Schrank oder auf dem Dachboden, doch dass sie vorhanden sind. Der Sohn erinnert sich an einen Buchumschlag: Es handelt sich um ein Gemälde, eine Bar, eine Frau in einem roten Kleid sitzt am Tresen, neben ihr ein Mann im Anzug, mit Hut, sie befinden sich ganz nah nebeneinander, berühren sich fast, zwischen beiden nichts als Nähe, doch es bleibt ungewiss, ob sie Intimes bedeutet. Auf der anderen Tresenseite sieht man zudem einen Kellner, in weißem Dress, vorgebeugt, mit irgendetwas beschäftigt. Er sagt: Das ist ein amerikanisches Gemälde, nicht?

Ich nenne den Namen des Malers. Ich bin unfähig, sonst noch ein Wort herauszubringen.

Fortwährender Krach, das Kommen und Gehen der Reisenden, Existenzen, deren Wege sich kreuzen, Körper, die sich vor dem Nimmerwiedersehen streifen, wie in der Halle von Hotels, Lautsprecheransagen, unterbrochen von diesem schrecklichen Jingle, dem C-G-A-E-Klingklang, diesen vier Noten der Bahn, die mich martern.

Mir kommt es so vor, als verlöre ich Lucas, als verschwimme er, und sogar der Marmor löst sich auf, ein wenig wie Salvador Dalís weiche Uhren.

Dennoch holt eine Stimme mich in die Wirklichkeit zurück, die Stimme des Sohns: Und? Woran arbeiten Sie gerade?

Ich brauche ein paar Sekunden, um wieder antworten

zu können. Zuerst sage ich, dass ich über Bücher, während sie entstehen, nicht sprechen kann, weil alles noch zu vage, in Bewegung ist und ich nicht weiß, ob ich mit ihnen niederkommen werde (diesen Begriff aus dem Bereich von Schwangerschaft benutze ich absichtlich), ich füge an, dass auch Aberglaube bei mir eine Rolle spielt. Er glaubt davon kein Wort, ich errate es an seinen emporgezogenen Brauen. Ich gebe sofort nach. Ich sage: Die Geschichte zweier unzertrennlicher Freunde, die schließlich durch die Zeit getrennt werden. Er lächelt. Ich weise ihn darauf hin, dass es um nichts Persönliches geht. Ich stelle klar, dass meine Bücher immer Fiktion sind, ich nicht über das wahre Leben schreibe, dass mich das nicht interessiere.

Er fragt mich, ob ich einen Titel hätte, denn *die Titel, die sind wichtig*. Ich antworte, dass ich mir noch nicht sicher bin. Er bleibt beharrlich. Ich gebe preis, dass der Roman vermutlich *Der Verrat des Thomas Spencer* heißen werde.

Er scheint zu überlegen. Sich zu fragen, ob es sich um einen guten Titel handelt. Ich habe Angst, dass er über den Vornamen des Helden nachsinnt. Aufs Neue lächeln würde. Doch nein. Er schaut zur Anzeigetafel hinauf, wie um nach seinem Bahnsteig zu suchen, wendet sich dann wieder mir zu.

Er sagt: Er verrät seinen Freund, Ihr Thomas Spencer, geht es darum?

Ich sage: Das ist ein bisschen komplizierter … Im Grunde verrät er eher seine Jugend.

Er sagt: Das ist dasselbe, oder?

Plötzlich erscheint die Bahnsteignummer auf der riesigen Tafel.

Schon im Aufbruch, sagt er, dass er mich nun verlassen müsse, dass es ihn gefreut habe, mir zu begegnen, er gerne noch mit mir reden würde, aber nun gut. Er drückt mir zum Abschied die Hand. Keine weitere Geste sonst, keine Gefühlsregung. Dann entfernt er sich. Die Trennung dauerte keine zwei Sekunden. Die Auflösung.

Nach wenigen Schritten verharrt er und kehrt zu mir zurück.

Er sagt geradeheraus: Haben Sie etwas zu schreiben? Ich gebe Ihnen seine Nummer. Rufen Sie ihn an, das wird ihn freuen.

Ich gehorche, zumindest der Form halber. Ich greife nach meinem Telefon, ich gebe die zehn Ziffern so ein, wie er sie mir nennt, die zehn Ziffern, die Thomas zum ersten Mal nach dreiundzwanzig Jahren für mich erreichbar machen.

Er schaut mich an, lange, danach.

Ich verstehe seine Beharrlichkeit nicht. Ich frage: Was? Was ist denn?

Er sagt: Und Ihre Nummer, wie ist die? Nein, ich frage nur, weil Sie zu denen gehören, die man nicht anruft.

Ich komme seinem Wunsch nach. Ich schreibe sie auf.

Ich sage: Und dein Vater, glaubst du, dass er jemand ist, den man anruft?

Wieder mustert er mich lange. Ich versteinere wieder wegen der Ähnlichkeit.

Er sagt: Das wissen eher Sie. Ich bin mir sicher, dass Sie ihn viel besser kennen als ich.

Diesmal geht das Zwillingskind wirklich. Es lässt mich einsam zurück. In tiefster Einsamkeit, wie man sie inmitten einer Menschenmenge verspürt. Mir bleibt nur, den Bahnhof zu verlassen. Und umherzuwandern. Lange zu wandern.

Ich werde Thomas niemals anrufen.

Dennoch werde ich oft versucht sein. Mehrmals greife ich zum Telefon, ich werde die Nummer wählen, müsste nur noch die letzte Ziffer drücken, und jedes Mal werde ich abbrechen.

Die Gründe? Je nach Tag andere. Damals lebte ich mit A. zusammen, fünfzehn Jahre jünger als ich, er stand nicht auf Männer, aber mochte mich, weiß der Himmel warum, eine gewagte, folglich komplizierte Geschichte, ich werde fürchten, den wackligen Zustand zu zerstören. Denn ich mache mir nichts vor: Thomas anzurufen, mit ihm zu sprechen, zu fragen, ob wir uns vielleicht wiedersehen, wäre alles andere als ungefährlich. Ich kann nicht behaupten: Nach allem, was war, handelt es sich nur um einen netten Anruf, um einen neuerlichen Kontakt. Ich weiß, dass es viel mehr ist. Sogar falls er sich gegen ein Wiedersehen sperren würde, hätte das bloße Anrufen etwas von Verrat – abermals, immer wieder das. Oder die Bewegung auf Thomas zu, ohne gleich aufs Äußerste zu verfallen, wäre eine Regung von Misstrauen gegenüber A., eine Distanzierung, würde die Unvollkommenheit unserer Zuneigung offenbaren.

Ich fürchte auch das Grausame der Wirklichkeit. Wir waren achtzehn, nun sind wir vierzig. Wir sind nicht mehr die, die wir waren. Zeit ist vergangen, Leben ist über uns dahingerollt, es hat uns verändert, verwandelt. Wir werden uns nicht wiedererkennen. Nicht so wichtig, ob die Erscheinung noch ähnlich wäre, in unserem tiefsten Inneren haben wir nichts mehr mit damals zu tun. Er ist verheiratet, Vater, er betreibt eine Landwirtschaft in der Charente. Ich bin Romanautor, ich verbringe sechs Monate des Jahres im Ausland. Wie sollten die Kreise unser beider Leben den geringsten Berührungspunkt haben?

Doch vor allem werden wir nicht mehr das spüren, was uns zueinandergetrieben hat, es war einmal. Das völlig reine Verlangen. Dieser einzigartige Augenblick. Es gab Umstände, eine Reihe von Zufällen, eine Summe von Fügungen, ein gleichzeitiges Begehren, irgendetwas in der Luft, auch etwas, das mit jener Zeit, dem Ort zu tun hatte, und das hat diesen Augenblick bewirkt und hat das Begegnen heraufbeschworen. Doch alles hat sich aufgelöst, ist in unterschiedliche Richtungen wieder fort, ist explodiert, wie ein Feuerwerk, dessen Raketen am Nachthimmel zerstieben und dessen Funken niederregnen, und so, wie sie einer um den anderen sinken und verlöschen, bevor sie den Boden berühren können, auf dass niemand sich verbrennt, niemand verletzt wird, ist jener Augenblick vorbei, tot, er kehrt nicht zurück; genau das ist uns zugestoßen.

Thomas wird auch mich niemals anrufen.

Kapitel drei

2016

Vor einigen Wochen habe ich von Lucas, an meinen Verlag adressiert, einen Brief erhalten, der mir sogleich nach Hause nachgeschickt wurde. Neun Jahre nach unserer einzigen Begegnung schrieb er mir. In dem Brief kündigte er an, dass er in der letzten Februarwoche durch Paris komme (anhand des Poststempels fand ich heraus, dass er aus der Charente abgeschickt worden war), dass er mich gerne treffen möchte, er wiederholte, mich *unbedingt* treffen müsse, weil er mir etwas zu überreichen habe. Er blieb im Ungefähren, so, als wäre dies Geheimnis nötig, damit ich ihm zusage, oder als wäre er sich ungewiss, ob der Brief mich wirklich erreichen würde oder ungeöffnet bliebe, und er es daher lieber bei einer Andeutung beließ. Er glaubte, ich sei durch das Erscheinen meines letzten Romans sehr beschäftigt, er nannte den Titel, aber er hoffte, dass ich für ihn einen *Augenblick Zeit finden* könnte. Er schrieb eine Telefonnummer. Versicherte, sich nach meinem Zeitplan zu richten, für ihn wäre das kein Problem.

Tatsächlich hatte ich Termine in Buchhandlungen, um über den neuen Roman zu sprechen, doch in jener letzten Februarwoche hatte ich eigentlich Zeit, ich hatte keinerlei Grund, seine Bitte auszuschlagen.

Überdies hatte er mich, keine Frage, neugierig gemacht.

Ich traute mich nicht, ihn anzurufen, ich glaube, ich hatte Angst, in ein Telefongeplauder zu geraten, zuerst Neuigkeiten auszutauschen, Leerstellen zu füllen, die verflossenen Jahre, erst nach Abschweifungen hätte er zum Kern der Sache kommen können. Ich vermutete, solcher Kontakt würde uns in eine Schieflage bringen, also schickte ich ihm nur eine SMS, um ihm Ort und Zeit vorzuschlagen. Keine Minute später antwortete er: Gut, ich werde dort sein.

Ich hatte das Café Beaubourg, weil es ganz in meiner Nähe liegt, ausgesucht. Vormittags, weil es dann ruhig ist. Obere Etage, weil fast nie jemand dort hinaufgeht und ich den Blick aufs Centre Pompidou mag.

Ich komme als Erster, etwas nervös, gebe ich zu. Gleich unten am Kiosk habe ich Zeitungen gekauft, blättere darin, ohne zu lesen, ohne bei irgendetwas innezuhalten. Mir fallen die Artikel über die amerikanischen Vorwahlen mit Fotos von Donald Trump und Hillary Clinton auf. Dieses überdrehte Wahlspektakel, mit den Milliardendollar-Spritzen, fesselt mich normalerweise. An diesem Morgen nicht. Nicht am Morgen des Wiedererscheinens von Lucas Andrieu.

Als er auftaucht, erkenne ich ihn problemlos. Er kommt die Wendeltreppe hoch, langsam, sein Blick sucht mich. Als er mich erblickt, geht er ruhig auf mich zu. Sein Körper ist schwerer geworden, das Jugendliche ist vollkommen verschwunden; seine Anmut. Er wirkt jetzt weniger locker, eher gesetzt. Es ist ein Mann, der hereinkommt.

Auch das Lächeln ist fort. Mir waren sein Schwung, sein Strahlen in Erinnerung geblieben. In seinem Gesicht hat sich Ernst breitgemacht. Doch vielleicht handelt es sich nur um

Zurückhaltung, ein wenig Scheu bei der Wiederbegegnung nach so vielen Jahren. Darüber hinaus einer geplanten Wiederbegegnung. Ohne den Zufall verbleibt nur eine Art von Gemessenheit.

Was mich trotzdem am meisten verblüfft, ist seine Bräune. Ich merke das gleich als Erstes an, wodurch wir irgendeinen Auftakt haben, der uns übliche Höflichkeiten, eine verlegene Begrüßung erspart. Er sagt: Weil ich jetzt in Kalifornien lebe, immer Sonne dort, Sie wissen ja.

Er erläutert sein »Sie wissen ja«: Eines Tages stieß ich auf ein Interview mit Ihnen, in dem Sie erzählten, dass Sie einen Teil des Jahres in Los Angeles verbringen. Hin und wieder dachte ich, wir würden uns dort über den Weg laufen. Es ist so riesig, L. A., klar, schier endlos, Ihnen muss ich das nicht sagen, doch die Zufälle manchmal … Es ist nicht passiert … Und ich konnte Sie nicht anrufen, da ich Ihre Nummer nicht mehr hatte.

Ich frage ihn, was er in Kalifornien mache. Er erklärt, er arbeite für eine große Weinmarke, eines dieser Weingüter, die französische Rebsorten gekauft haben, dort weiterentwickeln, er sei kaufmännischer Leiter (er benutzt eine angelsächsische Bezeichnung, die ich übersetze). Ich denke: Wenigstens einer, der seinen Jugendwunsch verwirklicht hat.

Ich sage: Und du warst wieder in der Charente, ein paar freie Tage?

Sofort – ja, es vergingen kaum zwei oder drei Sekunden, im Nu, aber überdeutlich – erkenne ich am Verfinstern seines Gesichts, dem Zucken der Lider, den abrupt unruhigen Händen, ganz einfach am Kummer, dass ein Unglück geschehen war.

Ich verstehe, welches Unglück geschehen war.

Er sucht nach Worten. Und ich, ich will nicht, dass er sie ausspricht. Ich will sie nicht hören. Den Worten, die verwunden, kann man sich verweigern, wie ein Pferd einem Hindernis.

Ich greife den versehrenden Worten vor, ich sage: Wann ist es passiert?

Er sagt: Vor zwei Wochen, ich bin sofort zurückgekommen.

Er berichtet vom Donnerschlag der unerwarteten Nachricht, einem Anruf mitten in der Nacht, der Zeitverschiebung, dem Schrecken, einem Sirren in seinem Ohr, er hat verlangt, es noch einmal zu sagen, um sicher zu sein, richtig verstanden zu haben, das war natürlich überflüssig, doch es ging nicht anders.

Während er spricht, erinnere ich mich genau an einen Montag im Mai 2013. Bei mir war es ungefähr halb zehn Uhr morgens – ich hatte mein Telefon, das nachts immer ausgeschaltet ist, wieder angestellt. Ich hatte mich gerade fertig gemacht, um zu einer Verabredung aufzubrechen. Ich war noch gut in der Zeit (ich bin immer pünktlich), ich wollte eben meine Wohnung verlassen und in ein Taxi steigen. Da meldete mir das Telefon eine Sprachnachricht. Ich drückte auf Empfang. Ich las »Mutter« und dazu die exakte Uhrzeit: 8 h 21.

Ich wusste sofort Bescheid.

Dennoch hatte ich immer gedacht, es würde anders verlaufen. Dass ich an jenem Tag, an dem sie mich anriefe, um mir die schlimme Mitteilung zu machen, ans Handy ginge.

Dass sie sagen würde: Dein Vater ist tot. Übrigens beschleunigte sich seit Monaten jedes Mal mein Puls, wenn ich auf einen ihrer Anrufe antworten musste. Ich hatte nicht in Betracht gezogen, dass sie eine Sprachnachricht hinterließe, sie auf diesen Gedanken käme, keine andere Möglichkeit haben würde. Im Nachhinein meinte ich, dass sie mir einfach hätte hinterlassen können: Ruf mich zurück, und sie mir alles direkt hätte sagen können. Aber das wäre unsinnig gewesen, natürlich. Allein der Klang ihrer Stimme – matt, wie erloschen, in jedem Fall erschöpft und unter Schluchzen – offenbarte alles. Sie hat gesagt: Maman hier, es ist vorbei, Papa ist von uns gegangen. Die Worte, die uns niederschmettern, sind die einfachsten Worte. Fast wie aus Kindermund.

Danach? Ich rief S. an, der im Badezimmer war. Ich musste mich wiederholen: Zuerst verstand er mich nicht. Durch den Klang meiner Stimme wusste auch er sogleich Bescheid. Er hat nicht weitergefragt, er ist gekommen, um mich in den Arm zu nehmen. Ich stand vorm Fenster und schaute in die Baumwipfel, auf die Fassaden der Rue Froidevaux, in der ich damals wohnte, oder nahm eher nichts wahr, er trat hinter mich und umarmte mich. In dem Moment begann ich zu weinen. Ich weiß nicht mehr genau, ob ich schließlich irgendetwas gesagt habe. Ich glaube nicht. Ich müsste S. fragen. Er erinnert sich immer so genau. Er vergisst nie etwas.

Eiligst musste er, fährt Lucas fort, klar handeln: Seine Reise nach Barbezieux organisieren, rasch den nächsten Flug Los Angeles – Paris herausfinden, ein Flugticket und eines für den Zug im Internet buchen, zum Glück gab es noch Plätze, er lächelt, als er »Glück« sagt, eine Reisetasche packen, seine

Termine absagen; konkrete, präzise, handhabbare Dinge, die vom Leid ablenken, zumindest für einige Augenblicke, aber es ging darum, sich selbst zu retten, mit den Augenblicken zu beginnen, Minute um Minute. Es ging darum, durchzuhalten. Noch eine Minute. Und eine weitere.

Vierundzwanzig Stunden später traf er ein.

Vierundzwanzig Stunden später erblickte er den aufgebahrten Leichnam seines Vaters.

Als er den kleinen Raum betritt, an dessen Tür auf einem Schild der Name des Verstorbenen vermerkt ist (so endet man also, mit seinem Namen an der Tür des Leichenschauhauses), ist er wie benommen vom bläulichen Licht und dem Geruch einer Chemikalie, mit der die Leiche vermutlich präpariert wurde. So schaut er nicht sofort zum Sarg, ist ihm ein letzter Moment gegeben, bevor er sich darüberbeugt. Als er schließlich den Blick auf den offenen Sarg richtet, wird er von einem Gefühl erfasst, das er nicht benennen kann: Sein Vater wirkt wie zwischen Leben und Tod. Seine wächserne Reglosigkeit und diese minimale Unähnlichkeit mit ihm selbst bestätigen sichtbar, dass er nicht mehr der Welt der Lebenden angehört, allein die Tatsache, dass er in einem Sarg ruht, ist der deutliche Beweis. Doch die Schminke lässt seine Haut glänzen, er scheint einfach eingeschlafen zu sein, und Lucas' Eintreten könnte ihn womöglich wecken. Er nähert sich gemessenen Schritts, berührt die Stirn, der Schädel ist hart wie Stein, der Tod ist nunmehr unleugbar. Etwas beruhigt ihn: Die Sektionsassistenten haben bemerkenswerte Arbeit geleistet, Spuren des Stricks um den Hals sind nicht zu erkennen.

Ein weiterer Schock überkam mich.

Er sagt: Man Vater hat sich erhängt. Er wurde erhängt in seiner Scheune gefunden.

Ich möchte mir den Anblick nicht vorstellen, möchte dieses Bild nicht vor Augen haben, ich möchte mir diese Qual nicht zufügen, aber es ist stärker als ich, der Schriftsteller gewinnt die Oberhand, sogar unter solchen Umständen, der, der sich alles vorstellt, der sehen muss, um sichtbar zu machen, immer formt sich das Bild, drängt sich auf: Ich sehe den Körper am Strick hängen, der Kopf geneigt, die Halsschlagader abgedrückt, das leichte Schaukeln, der Strick war an einem Balken befestigt, der Stuhl ist umgestoßen, die Strahlen der Wintersonne sickern durch Bretterritzen, verlieren sich auf Stroh.

Eine Erinnerung schiebt sich vor das Bild. Es ist 1977 oder 1978, im Frühling, eine Kollegin meines Vaters, eine Volksschullehrerin, wird erhängt in ihrem Klassenzimmer gefunden. Sie hieß Françoise. Ich erinnere mich daran, dass sie groß war, an ihr stets offenes langes Haar, kaum gebürstet, an ihre weiten Röcke mit Blumenmuster; die waren damals in Mode. Sie muss um die fünfunddreißig gewesen sein. Einige behaupteten, sie habe sich getötet, um dem Druck ihres Lehrerberufs zu entkommen. Das ist denkbar. Die Leute waren jedenfalls völlig perplex und bekümmert. Ich war damals acht, und so überspannt es auch scheinen mochte, ich erklärte, dass ihr das Verhängnis anzusehen gewesen sei und es mich nicht überrascht habe. Ich sagte, dass sie sich entschlossen habe, *keinen Schritt weiter zu gehen*. Vom Tod wusste ich noch nichts, noch weniger vom Freitod, aber es war dieser Satz, der mir in den Sinn kam. Man bat mich zu schweigen.

Ein Eingeständnis. Ich mache noch anderes, etwas anderes, als mir das Bild vor Augen zu führen, anderes, als eine Erinnerung aufzurufen, ich sage mir: Woran dachte Thomas, als dieser letzte Moment kam? Nachdem er den Strick um seinen Hals gelegt hatte? Vor dem Umstoßen des Stuhls? Und dann, wie lange hat das gedauert? Ein paar Sekunden? Denn es nützte nichts, Zeit zu verlieren. Die Entscheidung war gefallen, sie musste ausgeführt werden, innerhalb einer Minute? Aber das ist endlos, eine Minute, bei dem, was geschah, und womit füllte er sie? Mit welchen Gedanken? Und ich komme auf meine Frage zurück. Hat er die Augen geschlossen und Vergangenes wieder vor sich gesehen, Schönes aus der Kindheit, zum Beispiel, wie er mit ausgestreckten Armen und Beinen im frischen Gras gelegen hatte, den Blick in den blauen Himmel gerichtet, das Gefühl von Wärme auf seiner Wange und seinen Armen? Aus der Zeit des Erwachsenwerdens? Eine Tour auf dem Moped, wie der Wind gegen seine Brust drückte? Kamen ihm Kleinigkeiten in den Sinn, auf die er nicht gefasst war? Dinge, die er vergessen zu haben glaubte? Oder ließ er vielmehr Gesichter oder Orte an sich vorbeiziehen, als ginge es darum, sie mit sich zu nehmen? (Letztendlich, davon bin ich fest überzeugt, wurde er nicht wankelmütig, sein Entschluss stand fest, kein Bedauern, falls es sich bemerkbar machte, konnte seinen Willen beugen.) Ich spüre solchem letzten bewussten Bild, das aus seiner Erinnerung aufstieg, nach, und zwar nicht, weil ich hoffe, darin aufzutauchen, sondern vielmehr in dem Glauben, durch eine

Spur, die ich entdecken könnte, unsere Vertrautheit zu erneuern, wieder zu demjenigen zu werden, was sonst kein anderer für ihn gewesen war.

Lucas sagt: Ich vermute, Sie werden mich gleich fragen, doch nein, er hat keine Erklärung hinterlassen, es wurde kein Brief gefunden.

Ich nehme an, dass sie danach gesucht haben, nach diesem Brief, darauf hofften, um mit den Fragen, diesem Warum, nicht allein zu bleiben, um von der Reue, nichts kommen gesehen zu haben, nicht heimgesucht, nicht von Schuld gemartert zu werden, um nicht mit diesem mysteriösen Tod weiterleben zu müssen. Aber der Fortgegangene hatte ihnen nicht die Gnade erwiesen, sich ihnen zu erklären. Er ist gegangen, ohne im Voraus ihr schlechtes Gewissen zu erleichtern. Hat er sie bestrafen wollen, doch wofür? Oder wird er sich ganz einfach an dieses grundlegende Wissen gehalten haben: Am Schluss ist der Tod nur eine Angelegenheit zwischen mir und mir selbst?

Gewiss lauerten einige schlaflose Nächte auf das verstörte Kind. Es ist schon schlimm, seinen Vater zu verlieren. Es ist noch härter, wenn das unvermutet früh passiert. Aber wie entsetzlich, welche Hölle, wenn er freiwillig den Tod wählt. Ja, dann werden die Gedanken um und um kreisen. Es wird einen innerlich zerreißen. Das Kind wird sich an die letzte Zeit zu erinnern versuchen, um Anzeichen zu entdecken, den Anfang einer Deutung, eine Erhellung, es wird sich vorwerfen, die Verzweiflung nicht erkannt zu haben (denn um die handelt es sich schließlich, nicht wahr?), doch immerfort auf dieses starre Faktum stoßen: Ich weiß nicht. Das einzig Gewisse wird sein Kummer sein.

Ich frage ihn, wie es seiner Mutter gehe, die zweifelsohne von der Katastrophe furchtbar getroffen ist.

Lucas senkt sofort den Kopf, und diese Bewegung deutet auf einen weiteren Schock, auf erschöpfte Resignation.

Er lässt mich wissen, dass sie nicht bei der Beisetzung war. Er fügt, wie eine notdürftige Rechtfertigung oder auch nur zögerlich, an, dass fast niemand kam, die Kirchenbänke jedenfalls fast leer waren. Er sagt, dass sein Vater am Ende den Preis für seine Ungeselligkeit bezahlt habe.

Ich erwidere ihm, dass das Fernbleiben der Frau nicht von seinem zurückgezogenen Leben herrühren kann. Dass etwas anderes geschehen sein muss.

Er hebt den Kopf, für ihn ist der Augenblick gekommen, die Geschichte zu erzählen; zweifellos hat er mich genau deswegen einbestellt, damit die Geschichte erzählt würde, und zwar einem Menschen, der sie verstehen könnte.

Vor einigen Jahren, der genaue Zeitpunkt bleibt im Dunkel, entschließt sich Thomas Andrieu, sein Leben vollständig zu ändern. Dieser Wechsel geschieht von heute auf morgen. Es wird keinerlei Vorzeichen gegeben haben, er lässt sich nichts anmerken und hat trotzdem alles vorbereitet.

Er ruft seine Eltern, seine Frau, seinen Sohn in der großen Bauernküche zusammen, er ist ernst, wirkt entschieden, er zagt nicht, kratzt sich nicht am Hals, daran erinnert sich das Kind, kein Zögern, keine Gefühlswallung, eine große, mit großer Beherrschung gepaarte Entschlossenheit, woran er sich am besten erinnert, fährt er fort, ist die Stille, das Summen einer Fliege hätte man hören können, so drückt er es aus, der Vater hat beinahe noch nichts gesagt, doch war es so, als warteten alle auf einen Knall, er sitzt aufrecht da, er tut allen kund, *dass er gehe.*

Man stelle sich den Schock, das Nichtbegreifen, die Fassungslosigkeit vor, den Schrei, der sich nicht unterdrücken lässt, die aufsteigende Wut, das Flehen vielleicht der Mutter oder der Ehefrau, doch nichts davon. Er befiehlt Ruhe. Sagt, er sei noch nicht fertig, dass er noch einiges mitzuteilen habe.

Er erklärt, dass er das Haus, den Hof nun verlassen werde, *dass es damit für ihn vorbei sei, mit all dem*, dass sein Vater jemand anderen finden muss, irgendwen zum Anlernen oder einen Nachfolger, jemanden, der bereit sei, *sich hier niederzulassen*, und an irgendwen, der Interesse habe, zu verkaufen, wenn er in Rente ginge. Er ergänzt, dass er mit dem Verlassen des Hofs auf all seine Rechte daran verzichte, auf das Erbe, dass er damit nichts mehr zu tun habe, es ihn nicht mehr betrifft.

Er spricht weiter ohne jede Aufwallung, seine Stimme bleibt gleich, er schaut, vor ihm die versammelte Familie, doch er scheint sie nicht wahrzunehmen, als wäre sie verschwunden, als spräche er zu den endlosen Feldern, in den Wind, in die ziehenden Wolken eines Sturmhimmels, draußen vor dem Fenster

Er eröffnet, dass er für das Scheidungsverfahren einen Anwalt genommen hat, er möchte, dass alles ordnungsgemäß verläuft, eine amtliche Trennung vereinbart wird, Urkunden, dass nichts ungeklärt bleibt, sodass seine Frau *ihr Leben neu beginnen* kann, falls sie es will, sie nichts daran hindern wird, nichts sie bindet. Er erklärt, dass er ihr Geld hinterlässt, das gemeinsame Vermögen, er werde nichts mitnehmen.

Das Kind erkennt darin keine Geste der Großzügigkeit oder Gleichgültigkeit, sondern eher einen radikalen Schritt, die Vergangenheit abzuschütteln, sie auszulöschen, Rechnungen zu begleichen.

Er fügt an, dass sein Sohn jetzt erwachsen sei, seine Ausbildung zu Ende gehe, er aus dem Gröbsten heraus sei, er leicht Arbeit finden werde, viele Möglichkeiten warteten auf ihn, die Welt empfange ihn mit offenen Armen. Um ihn sei er unbesorgt, er wünsche ihm das Beste, er sei sich gewiss, dass dies Beste kommen wird. Er sagt, er, er habe nun *seinen Teil abgearbeitet*. Das Kind hat diese Wendung nicht vergessen. In diesem Moment durchdringt sie den Körper wie ein Degenstich.

Er sagt, er werde sich woanders niederlassen, nennt den Ort nicht, er möchte nicht, dass jemand mit ihm Kontakt aufnimmt, er verschwinde, das sei es.

Er zeigt keine Reue, belässt alles unerklärt. (Ich vermute, genauso verhielt es sich auch bei seiner Entscheidung, sich zu erhängen.)

Eine Stunde später ist er fort.

Zuvor jedoch wird seine Frau, aufgelöst in Tränen, noch versucht haben, ihn zur Besinnung zu bringen, ihn festzuhalten, in der Hoffnung, dass ihr Jammer und ihre Verzweiflung ihn rühren werden; er bleibt unnachgiebig. Sein Vater wird ihn mit Schimpftiraden überhäuft und ihm ins Gesicht geschleudert haben, dass er nun – mindestens das – nicht länger sein Sohn ist; angesichts dieses Fluchs, der schon länger gegärt hat, hinausgezögert wurde und schließlich ausgestoßen wird, scheint er ruhig zu bleiben. Seine Mutter wird versucht haben, ihn zur Vernunft zu bringen; er wird ihr entgegnen, schon so lange vernünftig gewesen zu sein, was er vielleicht als Einziges preisgibt. Lucas, er wird nichts sagen. Wird in einer Ecke verkrochen bleiben. Zuschauer der kalten Entschlossenheit dieses Mannes, den er neu wahrnimmt, dieses Erzeugers, dessen Gesicht sich nun als das eines völlig Unbekannten und schon völlig Fremden zeigt. Eines Entschwundenen.

Während der acht folgenden Jahre erweist Thomas sich als unerbittlich konsequent: kein einziges Wort, kein Anruf, nicht das geringste Lebenszeichen. Er hat seine Telefonnummer geändert, niemand kennt seine neue Anschrift, er ist nirgendwo zu sehen, niemand begegnet ihm, nicht einmal zufällig. Manchmal fragt man sich, ob er nicht bereits tot ist.

Die Familie fügt sich seiner Order. Gezwungenermaßen. Gegen den Willen dieses Mannes lässt sich nichts ausrichten. Doch die kleine Welt gerät ins Wanken, je nach Tag zwischen Zorn und Trauer, zwischen Fragen und Wut, zwischen Abstumpfung und Hass. Man fragt sich, was aus ihm geworden sein mag, vermutet, dass er nach Spanien zurückgegangen sein könnte oder unter einem anderen Namen umherreist oder dass er sich ganz einfach in irgendeinen Winkel zurückgezogen hat, wo er als Einsiedler lebt. Niemand hat etwas anderes als seine Einsamkeit vor Augen. Ja, alle sind sich darin einig, dass er fraglos wie in seinen Urzustand zurückgekehrt ist, das Alleinsein. Wenig fehlt, um eine Legende zu stricken.

Nach und nach allerdings verflüchtigt sich das alles, wird schemenhafter oder zerstäubt vielmehr wie Blütenstaub in der Luft eines neuen Frühlings. Lucas flüstert: Man gewöhnt sich an alles, auch, dass Menschen, mit denen man sich für immer verbunden glaubte, die Seite wechseln.

Ich sage: Du sprichst von Seitenwechsel …

Er schaut mich an. Er sagt: Ja, Sie sind Schriftsteller, und Worte haben für Sie ein besonderes Gewicht. Das stimmt, das haben Worte. Und ich habe übrigens lange versucht, einige Worte für sein Verschwinden zu finden. Ich stieß auf viele, einen ganzen Haufen, ich habe sie sogar alphabetisch geordnet, wenn Sie denn alles erfahren wollen: Abwesenheit, Aufbruch, Auflösung, Auslöschung, Ende, Entweichen, Entwischen, Entzug, Flucht, Fortsein, Rückzug, Tod, Verlassen, Verlust. Und noch einige, die ich vergessen habe.

Aber dasjenige, das ihm am passendsten zu sein scheint – er wagt nicht zu sagen: ihm am besten gefällt –, ist tatsächlich »Seitenwechsel«. Für gewöhnlich benutzt man es bei Spionen, die in diese oder jene Richtung, als unsere Welt in zwei Blöcke zerfiel und Kalter Krieg herrschte, die Seite wechselten. Er sagt: Ja, das lässt mich an den russischen Tänzer denken, Nurejew, nicht wahr?, als er auf dem Flughafen Le Bourget, Sie wissen, mit einem Grand Jeté die Absperrung zwischen dem Bereich für Sowjetreisende und dem Westen übersprang, Anfang der Sechzigerjahre.

In dieser Tat sieht er etwas Romantisches und Gefährliches, die Demonstration von Widerstand, Inkorrektheit, das unauslöschliche Verlangen nach Freiheit, den Drang, sich loszureißen. Und dann auch Kraft. Das gefällt ihm, und es beruhigt ihn, an manchen Abenden, ebendiese Kraft als den Ursprung des Verschwindens seines Vaters zu erkennen.

Im Wort »Seitenwechsel« offenbart sich noch etwas anderes: Sein Vater hat gefehlt und ihm gefehlt. Der Doppelsinn des Verbs passt vollkommen.

Zuerst eine Verfehlung, ein Vergehen, ein Verrat. Er hat sich seinen Pflichten entzogen, den rechten Weg verlassen, er hat ungeschriebene Gesetze missachtet, gegen die gängige Ordnung gesündigt, den Seinen übel mitgespielt, das in ihn gesetzte Vertrauen mit Füßen getreten, seine Nächsten verletzt, seine Freunde, er hat Verrat begangen.

Sodann eine Wunde, ein Schmerz, Kummer. Er war nicht da, als man auf ihn hätte zählen müssen, er hat eine Leere hinterlassen, die kein anderer zu füllen kam, Fragen, die niemand beantworten konnte, eine abgrundtiefe Enttäuschung, ein Sehnen, das niemand zu stillen in der Lage war.

Ich frage ihn, ob er irgendetwas unternommen habe, um die Spur seines Vaters zu finden. Er sagt: Anfangs nein. Er habe seine Entscheidung respektiert, auch wenn er sie nicht begriffen hat, sie ihn leiden ließ, selbst wenn er sie seiner Mutter gegenüber für ungeheuerlich demütigend hielt (auch verletzter Stolz musste, so scheint es mir, bei dieser Weigerung eine Rolle spielen). Er gibt preis: Gut, nach einiger Zeit nahm ich mir vor, nach ihm zu suchen, ich dachte sogar daran, einen Detektiv zu beauftragen. Der Wunsch zu verstehen wurde drängender. Das Verlangen nach Aussprache auch. Weil die Stille verrückt macht. Er sagt: Schließlich habe ich es sein gelassen. Er führt sein Leben als Erwachsener, muss seine Zukunft meistern, will nicht von Vergangenem belastet sein, von traurigen Familiengeschichten (am Ende hat der Groll überwogen, die Zeit tat das Ihrige.)

Dennoch frage ich mich, wie man es zuwege bringt, in diesem Halbdunkel zu leben, mit dieser Abwesenheit, die nicht der Tod, dieser Unerreichbarkeit, die nicht unüberwindbar ist, mit dieser Phantomexistenz. Wie lässt sich das meistern, wie wird man nicht immer wieder vom Verlangen, Licht ins Dunkel zu bringen, heimgesucht, das Theater zu beenden, dies Befremdliche nicht länger zu akzeptieren, oder ganz einfach das Fehlen (darauf läuft es immer wieder hinaus)? Vergebens will man die Freiheit eines anderen achten (sogar wenn man sie für egoistisch hält), es bleiben aber auch der eigene Schmerz, der eigene Zorn oder Trugbilder zu überwinden. Aber die Frage stelle ich dem versehrten Sohn nicht.

Und dann, eines Tage, wider alles Erwarten, kehrt der Vater schließlich in die Gegend zurück. Er lässt sich in einem Gehöft in der Umgebung nieder.

Das war letztes Jahr.

Die Gerüchte um seine Rückkehr kommen auch den Seinen zu Ohren. Dennoch erkundigt sich keiner genauer. Weder seine Eltern, die ihn für tot halten. Noch seine frühere Frau, die nach Galicien zurückgekehrt ist, dort wieder geheiratet hat und die von ihm nichts mehr hören will.

Nur sein Sohn ringt sich durch, ihn bei einem seiner Aufenthalte in Frankreich aufzusuchen.

Er erzählt, dass der Mann sich sehr verändert hat, enorm gealtert, fast nicht wiederzuerkennen ist. Zu seiner großen Überraschung lädt er ihn trotzdem an seinen Tisch, fragt ihn, ob er etwas trinken wolle, als wären sie gestern auseinandergegangen, wie wenn das normale Leben nicht wie mit einem Fingerschnippen zerstört worden wäre, danach der Blackout, acht Jahre der völligen Dunkelheit. Der Sohn nimmt die Einladung an, setzt sich an den Tisch, sieht den verbrauchten Mann mit dem faltigen Gesicht, empfindet kein Mitleid, erkennt nicht mehr beider Ähnlichkeit, das berühmte Zwillingshafte, fragt sich sogar, ob es überhaupt je vorhanden gewesen war. Das Einzige, das er wiedererkennt, ist die Wildheit.

Sie beginnen miteinander zu reden, aber das Gespräch verliert sich schnell in Nebensächlichkeiten, Gerede, sehr bald spricht nur noch der Sohn. Dann schließlich stellt er die unausweichliche Frage, die nach einer Erklärung für den Abschied, für die Rückkehr. Der Vater antwortet, rechtfertigt sich nicht. Bleibt stumm. Der Sohn fragt, ob er, wenigstens das, Reue empfindet. Der Mann hebt den Kopf, blickt sein Kind an. Er sagt: Nein. Er sagt: *Ich könnte bereuen, falls ich die Wahl gehabt hätte. Aber ich hatte keine Wahl.* Mehr sagt er nicht.

Ich frage Lucas, ob er den Satz seines Vaters begreift.

Er antwortet, ja. Er wird genauer: Jetzt, ja. Der Satz bestätigte seine früheren Vorgefühle. Ich sage: Deine Vorgefühle?

Meine Stimme zittert leicht. Das entgeht ihm nicht. Er fixiert mich so, dass klar wird, wir meinen dasselbe, dass er *verstanden* hat.

Er sagt: Ich glaube, das hat sich seit dem Hotel in Bordeaux in mir zusammengebraut, aber noch nicht, als Sie mir in der Lobby hinterherriefen und glaubten, ich sei mein Vater, auch noch nicht, als Sie mir sagten, ich ähnelte ihm, denn damit waren Sie nicht der Erste, nein, es begann einige Augenblicke später, als Ihnen die Stimme versagte und Sie mich anschauten, da habe ich verstanden, dass Sie ihn liebten, dass Sie in ihn verliebt gewesen waren, das war vollkommen unleugbar. In dem Moment erkannte ich Sie, mir wurde klar, wer Sie waren, ich wusste, dass Sie homosexuell waren, Sie sagten es, als man Sie danach fragte, im Fernsehen, kein Zögern bei der Antwort. Als ich in Nantes ankam, an jenem Tag, bin ich sofort in eine Buchhandlung gegangen, habe nach Ihren Büchern gesucht, ich habe *Sein Bruder, Eine italienische Liebe* und *Ein Abschied* gefunden, ich habe sie alle drei genommen, habe sie sofort gelesen. Und diese Bücher, sie haben meine Vermutungen nur bestätigt. In *Ein Abschied* schreiben Sie von einem Mann, den Sie geliebt haben, der Sie verlassen hat und der Ihnen auf Ihre Briefe nie antwortet. Und Sie sind fortwährend auf Reisen, um ihn zu vergessen. Ich sage: Das bin nicht ich, der diesem Mann schreibt, es ist eine Frau, sie ist meine Heldin. Er sagt: Wer soll Ihnen das glauben? Er fährt fort: In *Sein Bruder* heißt der Held klipp und klar Thomas Andrieu. Wollen Sie mir weismachen, das sei Zufall? Ich senke den Blick, leugnen hieße ihn für dumm verkaufen. Er trifft ins Schwarze: Und in *Eine italienische Liebe* wird von einem Doppelleben erzählt, die Geschichte eines Mannes, der sich nicht zwischen Männern und Frauen entscheiden kann und der lügt. Ich bekam den Eindruck, dass es sich um die Teile eines Puzzles handelt, Ihre Romane, ich musste nur die Stücke zusammensuchen, und das Bild entschlüsselte sich.

Eine Woche später bin ich zu meinen Eltern nach Lagarde heimgefahren. Ich wartete, bis ich mit meinem Vater allein war, um ihm zu berichten, dass ich Sie getroffen hätte. Ich ahnte wohl, es wäre besser, wenn meine Mutter nicht in der Nähe wäre. Sie hätten in diesem Augenblick sein Gesicht sehen sollen: ein Geständnis.

Obwohl er nichts sagte, es sollte sogar so scheinen, als hätte das für ihn keinerlei Bedeutung, doch es war zu spät, es war zu dem Augenblick gekommen, jenem, in dem er mich sagen hört, ich hätte Sie gesehen, jenem, in dem seine Knie weich wurden, gerührt hat er sich nicht, ich schwöre es Ihnen, aber es war, als ob er in die Knie ginge.

In diesem Augenblick hatte ich die Gewissheit, dass er in Sie verliebt gewesen war, dass es sich zugetragen hat, mein Vater verliebt in einen Jungen.

Ich hätte blind sein müssen.

Ich brauchte ihm die Frage nicht zu stellen.

Ich glaube auch, mir fehlte der Mut. Später sagte ich mir: Das war nur vorübergehend, eine Phase, dem war so, aber das hat sich erledigt, er hat anders weitergemacht mit dem Leben, eine Frau, ein Kind, das passiert öfter, solche Geschichten. Ich sagte mir: Und als er ihn im Fernsehen wiedergesehen hat, lebte die Erinnerung auf, ein Gefühl von weither, ein Geheimnis der Vergangenheit, jeder hat seine Geheimnisse, übrigens ist gut und richtig, etwas nur für sich zu bewahren. Dabei hätte es bleiben können. Dabei hätte es bleiben müssen.

Nur, dass mein Vater uns zwei Tage nach unserem Gespräch zusammengerufen hat, um sich von uns zu verabschieden.

Diese Enthüllung traf mich wie ein Blitz. Kein Ausdruck passt besser zu meinem physischen Empfinden, von einem Stromstoß durchfahren zu werden. Und sogleich bewegungsunfähig.

Er fragt: Sie sagen nichts?

In seiner Stimme schwingt keine Überheblichkeit, nichts Anklagendes mit. Ich spüre eher eine Vermischung von Wissbegier und Hoffnung.

Ich antworte: Ich weiß nicht, was ich sagen könnte …

Und nichts trifft mehr zu als meine Ratlosigkeit und mein Unvermögen.

Er wartet dennoch. Er wartet auf ein Wort.

Als ich wieder bei mir bin, weise ich darauf hin, dass der Abschied seines Vaters gut vorbereitet gewesen zu sein scheint: Der Notar für die Scheidung, der Verzicht aufs Erbe, er muss überdies gewusst haben, wohin er geht; er hat sich nicht urplötzlich entschieden. Ich füge hinzu, dass ein Zusammentreffen seines Sohnes mit mir, auch wenn es Erinnerungen wachrufe, keine Folgen haben müsse, vor allem derartige Folgen, und es keinen Grund gebe, so radikal zu sein.

Er sagt, er stimme mir zu. Er habe lange darüber nachgedacht. Und was er nach seinem Tod herausgefunden habe, konnte ihn trösten. Seiner Meinung nach hat die Mitteilung einzig einen erwogenen Beschluss beschleunigt, ihn unausweichlich gemacht. Hat wie eine *Offenbarung* gewirkt. Sein Vater hatte sich zu lange selbst belogen, er musste mit sich ins Reine kommen, es war höchste Zeit.

Er fügt hinzu: Ich habe mich dennoch oft gefragt, ob er zu Ihnen hätte kommen können (romantische Idee, verrückt). Jetzt weiß ich, nein.

Ich schaue ihn fragend an.

Er sagt: Nach seinem Tod musste natürlich das Haus ausgeräumt werden. Das war schnell getan, er besaß fast nichts, er lebte sehr kärglich, er lehnte sogar das Geld ab, das ich ihm anbot. Doch in einer Schrankschublade entdeckte ich, wohlgeordnet und sogar sorgfältig verborgen, Briefe. Nachdem ich sie gelesen hatte, war ich überrascht, dass er sie aufgehoben hatte. Und noch mehr darüber, dass er sie nicht vernichtet hatte, bevor er in den Tod ging. Ich vermute, er wollte, dass ich sie finde. Ich vermute, sie sind der Ersatz für den Abschiedsbrief, den er nicht geschrieben hat, dass sie das erklären, was er nicht erklärt hat.

Zuerst an ihn adressierte Briefe. Sie stammen alle vom selben Mann, sie sind datiert kurz vor seiner Rückkehr in die Charente. Man erkennt schnell, dass dieser Mann sein *Geliebter* ist (der Sohn spricht das Wort unirritiert, ohne Wertung aus), aber dass sie nicht zusammenleben. Man erkennt, dass ihre Beziehung heimlich ist, sich im sicheren Dunkel abspielt. Der Mann erträgt diese Heimlichkeit nicht mehr. Er schreibt, dass er mit Thomas frei im Licht leben möchte, dass er sich nicht länger verstecken will, dieser Zustand ihn krank macht, es wird klar, dass Liebe und Verschweigen ihn gleichermaßen quälen. Eines Tages stellt er ein Ultimatum. Er schreibt, dass er, falls Thomas sich seinem Wunsch verweigere, mit ihm zu leben, ihn besser für immer verlasse. Er sei am Ende, er mache nicht mehr weiter, wenn sich nicht alles vollständig ändert.

Lucas präzisiert, dass der letzte Brief vom Tag vor der Rückkehr seines Vaters in die Charente stammt. Thomas hat der Drohung nicht nachgegeben, vielleicht auch nicht der Liebe. Er ist fortgegangen, ist dem Bruch zuvorgekommen.

Mir geht durch den Kopf: Am Ende wird er sich sein Lebtag lang versteckt, sein ganzes Leben verstümmelt haben. Trotz seines radikalen Aufbruchs, seines Trachtens nach einer neuen Existenz werden sich seine Schwächen, seine Scham, seine Unfähigkeit, dauerhaft zu lieben, zurückgemeldet haben.

Mir kommen all jene in den Sinn, die mir bei Veranstaltungen in Buchhandlungen begegneten, diese Männer, die mir gestanden, sich selbst belogen, jahrelang gelogen zu haben, bevor sie sich durchrangen, alles hinter sich zu lassen, um alles neu zu beginnen (sie werden sich wiedererkennen, wenn sie diese Zeilen lesen). Er hat nicht ihren Mut gehabt.

Ich sage: Mut, aber vielleicht handelt es sich um etwas anderes. Jene, die den Schritt nicht gewagt haben, die sich nicht mit ihrem inneren Wesen in Einklang gebracht haben, sind nicht zwangsläufig ängstlich, sie sind vielleicht hilflos, finden sich nicht zurecht; verloren wie inmitten eines zu großen oder zu dichten oder zu dunklen Walds.

Der Sohn berichtet weiter. In der Schublade fand sich noch ein Brief, in einem zugeklebten Umschlag, leicht vergilbt, ohne Hinweis auf einen Empfänger. Er nahm nicht an, dass er unwichtig sei, eine Rechnung, ein amtliches Dokument. Er hat ihn etwas bang geöffnet; ihm schwante, dass sein Vater darin seinen Letzten Willen hinterlassen hatte, denn wie vermutet hatte er das Schreiben verfasst.

Er sagt: Es handelt sich tatsächlich um einen vor langer Zeit geschriebenen Brief, der niemals abgeschickt wurde. Er ist an Sie gerichtet. Er beginnt mit Ihrem Vornamen. Er stammt vom August 1984.

Ich starre Lucas an. Die unablässigen Enthüllungen wirken betäubend, wie wenn ein Verstärker nicht noch lauter gestellt werden kann. Um diesem Dröhnen zu entkommen, das ich als Einziger höre, sage ich: Du hast ihn gelesen? Er antwortet, ja. Und sogleich zieht er ihn aus seiner Jackentasche und hält ihn mir entgegen. Er ist in der Mitte gefaltet, ein wenig zerknittert. Er sagt: Deshalb habe ich Sie um ein Treffen gebeten, damit ich ihn Ihnen aushändige.

Er fügt an: Ich möchte, dass Sie ihn später lesen, wenn ich weg bin, denn es ist eine Geschichte zwischen ihm und Ihnen, einzig und allein zwischen Ihnen beiden.

Ich antworte, dass ich einverstanden sei. Ich nehme den Brief an mich. Mir geht durch den Kopf, ob er bei mir nicht einen Schock fürchtet und mir ersparen will, Zeuge zu sein.

Dann? Dann Stille. Lange Minuten der Stille. Weil er mir nichts weiter mitzuteilen hat, weil er alles gesagt hat, weil wir jetzt nur noch auseinandergehen können, aber das gelingt uns nicht, wir bringen es nicht fertig, eigentlich möchten wir noch ein bisschen beieinanderbleiben, den Augenblick bewahren, weil wir wissen können, dass es der letzte ist, es keinen weiteren mehr geben wird.

Zum Schluss sage ich: Was wirst du jetzt machen?

Er sagt: Zurück nach Kalifornien, ich habe den Flug am Sonntagmorgen gebucht. Wieder nach Hause, denn dort ist jetzt mein Zuhause. Hier gibt es für mich nichts mehr zu tun, keine Bindungen mehr.

Abermals Stille. Abermals unbestimmte Minuten. Abermals Blicke, die sich begegnen. Abermals das Hinauszögern des drohenden Abschieds.

Dann sagt er doch noch: Und Sie? Sie werden über diese Geschichte schreiben, nicht wahr? Sie werden es nicht vermeiden können.

Ich wiederhole, dass ich niemals über mein Leben schreibe, dass ich Romancier bin.

Er lächelt: Noch eine Ihrer Lügen, stimmt's?

Ich lächele zurück.

Ich sage: Erlaubst du es mir? Du erlaubst mir, über diese Geschichte zu schreiben?

Er sagt: Ich habe nichts zu verbieten.

Schließlich steht er auf, ich einen Moment später gleichfalls. Er reicht mir die Hand, verabschiedet sich von mir, ohne ein weiteres Wort. Der Händedruck dauert einen Augenblick länger, als es üblich ist. Und als die Hände sich voneinander lösen, streifen sich noch die Finger. Nichts Doppeldeutiges, sondern einfach erforderlich, um das Eigentümliche, *Unvergleichliche*, das soeben stattgefunden hatte, zu beschließen.

Ich sehe, wie er sich entfernt, die Treppe hinuntersteigt, das Café verlässt, dem Blick entschwindet. Ich bin erfüllt von Dankbarkeit und versteinert vor Entsetzen.

Ich setze mich wieder, halte in der linken Hand noch den gefalteten Brief von Thomas. Ich grübele, dass es besser ist, ihn nicht zu lesen, wozu denn, das kann mir nur Schmerz verursachen, und er hätte nicht gewünscht, dass ich ihn lese, sonst hätte er ihn abgeschickt. Gleichwohl kommt mir Lucas' Überzeugung wieder in den Sinn: *Ich vermute, er wollte, dass ich sie finde, diese Briefe.* So falte ich das Blatt auseinander, vor meinen Augen die aufgeschriebenen Worte, und es ist die Stimme von Thomas, die ich höre, seine Stimme von 1984, seine Stimme unserer Jugend.

Philippe,

ich breche bald nach Spanien auf, und ich werde nicht zurückkommen, jedenfalls nicht so bald. Du wirst nach Bordeaux gehen, und ich ahne voraus, dass es nur die erste Etappe einer langen Reise sein wird. Ich habe mir immer gedacht, dass Du für woanders geschaffen bist. Unsere Wege trennen sich hier. Ich weiß, dass Du es gerne anders gehabt hättest, dass ich Worte gesagt hätte, die Dich beruhigen würden, aber ich konnte nicht, und ich konnte noch nie mit Worten umgehen. Schließlich sagte ich mir, dass Du verstanden hast. Natürlich war es Liebe. Und morgen, da wird eine große Leere sein. Aber es konnte nicht weitergehen; Du hast Dein Leben, das auf Dich wartet, und ich, ich werde mich nicht ändern. Ich wollte Dir nur schreiben, dass ich glücklich war in den sechs Monaten, die wir zusammen waren, dass ich niemals sonst so glücklich gewesen bin und ich schon weiß, dass ich niemals wieder so glücklich sein werde.

Die Suche nach dem richtigen Platz in dieser Welt – ein berührender Roman vom Autor des Bestsellers »Im Meer schwimmen Krokodile«

Der 15-jährige Ercole hat es nicht leicht: Er muss früh lernen, für sich und seine Schwester Asia Verantwortung zu übernehmen. Seine Mutter ist schon vor vielen Jahren ausgezogen, sein Vater ein Alkoholiker, der sich mit dubiosen Gelegenheitsjobs über Wasser hält. Zusammen mit seiner Schwester bewahrt Ercole mühsam die Familienfassade, damit das Jugendamt nichts merkt. Trotz allem ist er ein zufriedener, unbeschwerter Junge. Besonders als er Viola kennen lernt, die in Ercoles Bauch Schmetterlinge zum Tanzen bringt …

PENGUIN VERLAG

Ein aufwühlendes Familientreffen in Paris bringt verborgene Geheimnisse ans Licht

»Vor dem düsteren Hintergrund eines Jahrhunderthochwassers erzählt Tatiana de Rosnay einfühlsam, echt und lebensnah von den zärtlichen Banden zwischen den Generationen und den schwarzen Löchern, die durch Schweigen und Verheimlichen entstehen.«

Hamburger Abendblatt

PENGUIN VERLAG